Félix Robiou

LECTURES HISTORIQUES

L'ORIENT

Classe de Sixième

LIBRAIRIE CH. DELAGRAVE

LECTURES HISTORIQUES

L'ORIENT

COLLECTION PUBLIÉE SOUS LA DIRECTION DE M. DE CROZALS

LECTURES HISTORIQUES

RÉDIGÉES CONFORMÉMENT AU PROGRAMME
DU 22 JANVIER 1890

POUR LA CLASSE DE SIXIÈME

—

L'ORIENT

(INSTITUTIONS, MŒURS, CROYANCES, MONUMENTS)

—

PAR

FÉLIX ROBIOU

PROFESSEUR HONORAIRE A LA FACULTÉ DES LETTRES DE RENNES
CORRESPONDANT DE L'INSTITUT

PARIS

LIBRAIRIE CH. DELAGRAVE

15, RUE SOUFFLOT, 15

—

1893

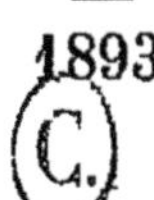

LECTURES HISTORIQUES

LIVRE PREMIER

LES ÉGYPTIENS

CHAPITRE PREMIER

ASPECT DU PAYS, PRODUCTIONS, CULTURES

Caractères originaux de l'Égypte. — Le Nil. — L'aspect de l'Égypte est unique au monde, et son existence, comme pays habité, dépend absolument du fleuve, le Nil, qui la traverse du sud au nord, pour se jeter dans la Méditerranée. On pourrait même dire, nous le verrons, que cette existence dépend de la manière dont les habitants savent user de leur situation exceptionnelle.

Le Nil occupe là une vallée de largeur très variable, située entre deux chaînes de montagnes, qu'on appelle la chaîne Libyque, à l'ouest, du nom de Libye que les anciens donnaient au continent africain, et la chaîne Arabique, à l'est, c'est-à-dire du côté de l'Arabie, qui est séparée de l'Égypte par la mer Rouge. C'est seulement à une trentaine de lieues de la mer que le Nil se divise en branches et arrose ainsi une vaste plaine, appelée *Delta,* parce qu'elle forme à peu près un triangle et que la forme triangulaire est celle de la lettre grecque (le D français) qui porte ce nom, dans son emploi comme lettre majuscule. Mais, au sud du Delta, les deux chaî-

nes de montagnes ne sont jamais éloignées entre elles
de plus de quelques lieues, même quand elles ne forment pas une sorte de défilé.

Le terrain est très fertile, mais seulement entre ces
montagnes et dans le Delta ; partout ailleurs, c'est un
désert tout à fait stérile ; en Égypte, en effet, il ne tombe
pas de pluie, pas même un jour par an, si ce n'est parfois dans la Basse-Égypte, c'est-à-dire dans la contrée
vers laquelle descend le fleuve. Pour la Haute-Égypte,
un gamin d'une douzaine d'années disait à un voyageur
surpris par un orage : « Oh ! moi, je sais bien ce que
c'est que la pluie ; j'en ai déjà vu une fois. »

*
* *

L'inondation. — L'Égypte serait donc absolument stérile, sans les débordements du Nil, qui ont lieu tous les
ans à la même époque. Le Nil, en effet, vient d'une
grande distance dans l'intérieur de l'Afrique. Or, tous
les ans, dans la même saison, des pluies battantes tombent dans les contrées rapprochées de l'équateur, au
delà du 24° degré de latitude ; et ces pluies, coulant des
campagnes dans le fleuve, comme elles tombent dans le
fleuve lui-même, en grossissent extrêmement le cours.

Vers la fin de juin, la crue des eaux commence à se
faire sentir dans la Haute-Égypte, et au mois d'août elles
commencent à se répandre dans le pays, non pas en dé-
passant les bords, car ceux-ci sont plus élevés que le reste
de la vallée, ou, s'il le faut, exhaussés par des digues
qui servent de routes pendant l'inondation, mais en coulant par les ouvertures qu'on y a ménagées et qu'on ouvre
seulement alors, pour donner entrée dans des canaux,
ce qui permet de diriger l'inondation, unique arrosage
de l'Égypte.

En effet, ces canaux ont eux-mêmes des barrages de
distance en distance, et chacun de ces barrages n'est
ouvert, pour l'arrosage des champs placés au-dessous,

que quand les champs supérieurs sont suffisamment arrosés.

Ce système exige l'intervention continuelle de l'autorité publique : sans gouvernement régulier, point d'agriculture en Égypte.

Il en résulte que cet état de choses, décrit dans notre siècle comme existant aujourd'hui, existait aussi dans l'Égypte ancienne. On trouve dans une inscription du temps de la XIIe dynastie (avant l'invasion des Hyksos) une série de personnages dont chacun avait eu le titre de *scribe du partage de l'inondation, chargé des canaux*. Et parmi les fautes qui auraient rendu un défunt indigne des récompenses de l'autre vie, les Égyptiens comptaient celle de *contraindre l'eau à rester plus longtemps qu'il ne faut;* c'est-à-dire de retarder l'ouverture des barrages, pour favoriser injustement les champs situés au bord de la partie supérieure des canaux. Ce texte est plus ancien peut-être encore que le premier.

C'est au temps de la XIIe dynastie qu'appartient la formation du lac Mœris, situé à quelque distance à l'ouest du Nil, un peu au-dessus du Delta[1]. Ce lac, communiquant par un canal avec le fleuve, recevait la surabondance des eaux dans les années où la crue du Nil dépassait les besoins du pays, et il les rendait à l'agriculture quand la crue était insuffisante.

Il ne faut pas oublier non plus les machines hydrauliques, fort simples d'ailleurs, qui permettent d'étendre l'arrosage un peu au-dessus des terrains inondés, et que l'on croit avoir été déjà en usage chez les anciens. Quant aux villes et villages, il avait fallu naturellement les construire sur des monticules, naturels ou artificiels, pour qu'ils ne fussent pas envahis par les eaux.

*
 * *

Les semailles. — Au mois d'octobre les eaux bais-

1. *Mer* ou *méri* voulait dire, en égyptien, lac, terrain inondé.

sent, et avant la fin de novembre elles sont rentrées dans
leur lit. A mesure qu'elles se retirent, on ensemence les

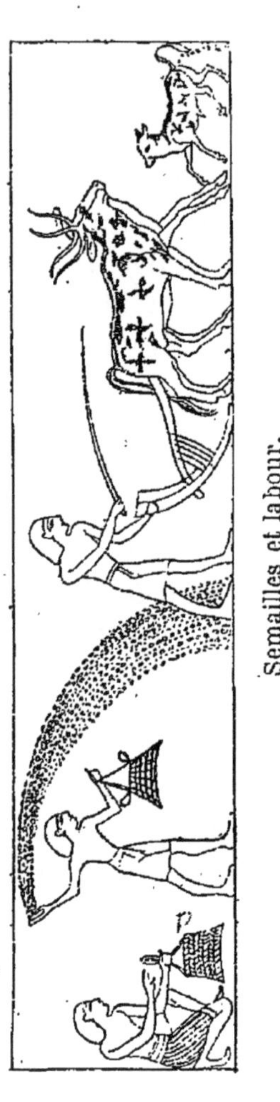

Semailles et labour.

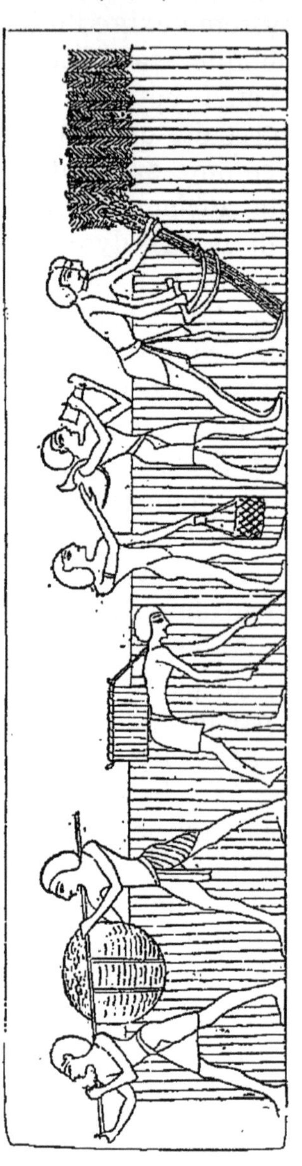

Coupe des blés.

terres, faciles d'ailleurs à labourer. Les anciens Égyptiens connaissaient l'usage de la charrue, que l'on voit
représentée sur leurs monuments; mais l'emploi n'en
était pas nécessaire partout. « La plupart des laboureurs

Vendange.

Pressurage.

Pressurage du vin.

Pressurage du vin.

Cuisson et filtrage du vin.

Foulage des raisins. — Cave au vin.

Pêche au filet.

Préparation des poissons.

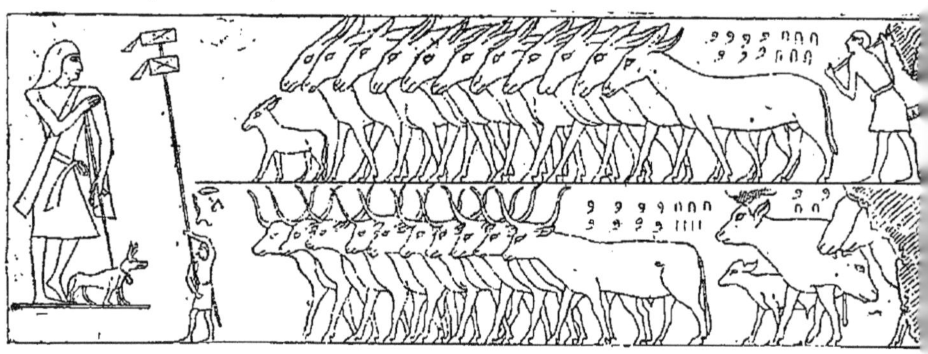

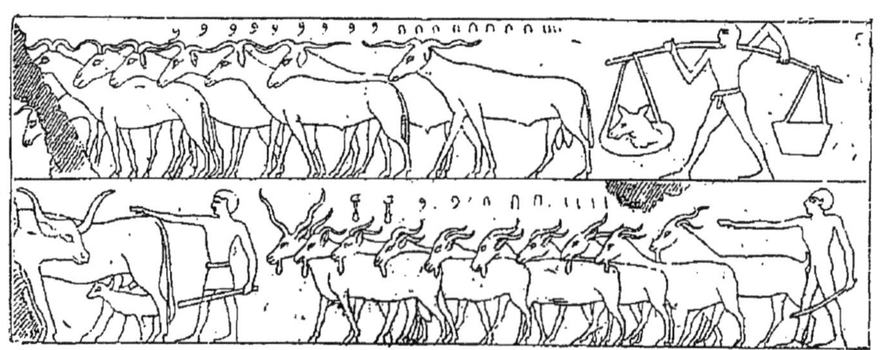

Propriétaire visitant ses troupeaux.

égyptiens, dit Diodore de Sicile, qui vivait au temps de César, jettent simplement la semence sur la terre à mesure qu'elle sèche, et ils y lâchent les bestiaux, qui la foulent aux pieds[1]; au bout de quatre ou cinq mois, ils se trouvent en mesure de faire la moisson. Quelques-uns, à l'aide de légères charrues, sillonnent rapidement la surface de la terre encore humide, et récoltent, sans dépenses ni fatigues, des produits abondants... Les vignobles, arrosés de même, fournissent aux habitants une grande quantité de vin. »

Hérodote, qui avait vu l'Égypte quatre siècles auparavant, n'y avait pris connaissance ni de la culture des vignes ni de la charrue; mais des peintures ou sculptures très antiques trouvées en Égypte nous représentent des scènes de vendange aussi bien que de labourage. Les Égyptiens connaissaient aussi l'emploi de la bière, fabriquée avec de l'orge.

*
* *

Calendrier égyptien. — De ces conditions du sol et de la chaleur permanente du climat résultait, pour l'ancienne Égypte, un calendrier qui n'a peut-être eu d'analogue nulle part. L'année était partagée en trois saisons, de quatre mois chacune, qu'on appelait saisons de l'*inondation*, des *semailles* et de la *moisson*. Les mois de notre hiver sont de beaucoup les plus agréables dans ce pays; un savant anglais, M. Lepage-Renouf, l'appelle *une saison délicieuse.* Cependant M. J.-J. Ampère, écrivain français, qui voyagait dans ce pays, se plaignait, *au commencement de février,* de l'excès de la chaleur. On voit combien on se tromperait si l'on voulait opposer là une saison morte (l'hiver) à la vie de la terre en été.

---

1. Un mémoire sur l'agriculture de l'Égypte moderne parle même de semences répandues sur le limon et s'y enfonçant par leur propre poids, du moins dans la Haute-Égypte.

Les mois égyptiens avaient tous trente jours, ni plus ni moins. Après le douzième mois mois on ajontait *cinq jours complémentaires*, mais jamais six ; ils n'avaient pas d'années bissextiles, en sorte que, tous les quatre ans, leur année avançait d'un jour sur l'année astronomique. Ils s'en apercevaient bien ; mais ils ne voulurent rien changer à l'année civile. Celle-ci ne devint fixe que quand les Romains eurent conquis l'Égypte.

* * *

Cultures ; animaux domestiques. — Outre la culture des grains et de la vigne, les Égyptiens se livraient à la culture des légumes et du coton. Ils avaient des troupeaux d'espèces diverses ; seulement ils paraissent n'avoir possédé des chevaux que longtemps après leur établissement dans la vallée du Nil. Ils avaient aussi différentes espèces de chiens de chasse ; le fleuve leur fournissait du poisson en abondance, et les monuments nous apprennent qu'ils chassaient des oiseaux de maráis.

Papyrus, lotus. — Ils faisaient aussi grand usage du papyrus, plante aquatique dont la tige est formée de couches concentriques. Ces couches, déroulées et convenablement préparées, formaient une matière propre à recevoir l'écriture chez ce peuple « écrivain par excellence », comme l'appelle J.-J. Ampère. On trouvait aussi, en Égypte, le lotus, dont il est question dans Homère : il était l'emblème de l'Égypte du Nord, comme le papyrus l'était de l'Égypte du Sud. De petits navires allant à la voile et quelquefois halés du rivage sillonnaient le fleuve et transportaient les marchandises d'une province à l'autre ; mais, sauf dans les derniers siècles de l'histoire ancienne, ce peuple paraît avoir fait peu d'usage de la navigation maritime.

CHAPITRE II

LA RELIGION

I

Religion de l'Égypte.

Préjugés relatifs à la religion égyptienne. — Il existe, mais surtout il a existé longtemps, au sujet de la religion égyptienne, deux préjugés introduits par les Grecs, préjugés que les découvertes de notre siècle permettent de rectifier, car aujourd'hui nous pouvons lire et comprendre avec certitude les textes écrits par les Égyptiens eux-mêmes.

L'un de ces préjugés, c'est que leur religion consistait en grande partie dans un fétichisme grossier, dans l'adoration de divers animaux et plantes.

L'autre, c'est que les croyances de ce pays ont été invariables depuis les temps les plus reculés jusqu'à la domination des Romains.

La science a *rectifié* ces idées ; elle ne les a pas *détruites*.

Il est très vrai que des animaux ont reçu un culte en Égypte ; il est très vrai que nul peuple de l'antiquité n'a été plus attaché à ses traditions, et spécialement à ses traditions religieuses.

Les Grecs ont eu raison de le remarquer ; mais, n'ayant jamais pénétré à fond dans les croyances d'un peuple dont ils dédaignaient d'étudier l'écriture et la langue, ils ont ignoré des faits d'une très haute importance, dont la connaissance aurait pu les préserver de graves erreurs.

Durée de l'histoire de l'ancienne Égypte. — L'histoire de l'ancienne Égypte comprend un grand nombre de siècles. Combien ? on ne saurait le dire au juste ni même en gros, si ce n'est avec une approximation des plus grossières, car, n'ayant point d'ère, les Égyptiens ne mesuraient la distance d'une date à l'autre que par la durée des règnes qui les séparaient; or nous ne connaissons pas toujours exactement, il s'en faut bien, le nombre et la durée de ces règnes; nous n'avons que des indications tout à fait insuffisantes sur ceux qui ne nous ont pas laissé d'inscriptions historiques. Les chiffres des règnes ou les durées des dynasties, compris dans ce qu'on appelle les *listes* de Manéthon, c'est-à-dire les listes de règnes extraites, au temps de l'empire romain, de son *Histoire d'Égypte* (aujourd'hui depuis longtemps perdue), sont fort discordants d'un auteur ou d'un manuscrit à l'autre, discordants aussi avec divers chiffres authentiques indiqués par certains monuments. En outre, on sait aujourd'hui que quelques-unes de ces dynasties ont régné simultanément dans diverses parties de l'Égypte. Mais il est certain que la durée totale de cet empire a été très longue, beaucoup plus qu'on ne le croyait possible quand, faute de comprendre le style de Moïse en matière de chronologie, on croyait qu'il n'avait compté qu'une douzaine de siècles entre le déluge et la naissance d'Abraham [1].

Cela étant, on comprend sans peine que des nouveautés se soient introduites dans les traditions de l'Égypte, surtout si l'on tient compte des relations intimes et prolongées qu'elle a eues plusieurs fois avec des nations étrangères. On ne peut donc sagement répondre à cette question : *Quelle était la religion de l'ancienne Égypte?* si ce n'est à la condition de distinguer les époques ; seulement il ne faut pas oublier ce fait curieux : en acceptant une opinion nouvelle, les Égyptiens n'effaçaient ni ne désavouaient les textes anciens qui en contenaient une contraire. Il en résulte que l'on trouve des contradic-

---

[1]. Ceci a été expliqué par un jésuite, le P. Brucker, dans la revue intitulée *la Controverse*. — Manéthon faisait remonter la fondation de la monarchie égyptienne à trente-cinq siècles et demi avant Alexandre. Ce total, énoncé par lui, est très différent du total résultant de l'addition des listes.

tions flagrantes entre les textes religieux d'un même temps[1].

*
* *

La religion sous l'ancien empire. — Osiris. — Considérons d'abord ce qu'on appelle l'*ancien* empire, qui s'étend jusqu'à la fin de la VIe dynastie. Les textes de ce temps-là ne sont pas bien nombreux, mais on en possède de fort étendus. On y trouve des imaginations puériles, en ce qui concerne des personnages secondaires de cette mythologie, dieux ou génies; mais, quant à la substance divine proprement dite, si elle est désignée sous des noms divers, on peut reconnaître, en rapprochant les passages qui concernent la puissance suprême, que ces noms s'appliquent à un seul et même être[2].

Ces noms représentent ou ses attributs ou ses actes, selon que l'on considère sa *bienfaisance* ou sa *justice,* sa *puissance* ou sa *sagesse*, son *gouvernement du monde physique* ou *moral,* son *autorité sur les vivants* ou *sur les morts.*

Dans ce dernier cas, il est surtout appelé Osiris, nom sous lequel il fut toujours désigné comme juge des défunts, mais qui signifie proprement le *siège de l'action,* ou le *siège de la vue,* ou peut-être les deux ensemble, c'est-à-dire, dans tous les cas, *la Providence.*

Hor et Set. — Dans le monde présent, le dieu suprême était alors appelé tantôt Hor, tantôt Set. Dans les derniers temps de l'ancien empire, ce dernier nom commence à être pris habituellement en mauvaise part,

---

1. J'ai insisté là-dessus, avec exposition détaillée des preuves données par les monuments, dans mon mémoire sur les *Variations du mythe osiriaque*, envoyé à Stockolm, au Congrès international des orientalistes, en 1888, et imprimé par ses ordres. Quant à la question des influences étrangères, je l'ai traitée, la même année, au Congrès scientifique international des catholiques (à Paris), qui a publié aussi mon mémoire *in extenso.*

2. Ceci résulte de l'orthographe symbolique de ce nom. M. Brugsch, ne s'en référant qu'à l'oreille, l'a interprété par « le Puissant », ce qui au fond revient au même.

comme étant celui d'un adversaire acharné de Hor et d'Osiris ; mais jusque-là Hor et Set avaient été présentés comme identiques entre eux [1], et, bien des siècles encore après, cette croyance antique se trouve exprimée parallèlement à la croyance opposée : c'est là une forme, que les Grecs ne soupçonnèrent jamais, de l'attachement des Égyptiens à leurs anciennes doctrines.

Les deux interprétations du rôle de Set se retrouvent dans un livre assez étendu appelé *Per em hrou* (*Sortie au jour*, ou peut-être *Sortie du jour*), dont les parties les plus anciennes me paraissent remonter jusqu'à la VIe dynastie, et dont des exemplaires ou des fragments accompagnaient l'Égyptien dans sa tombe, même dans les derniers temps de l'empire égyptien. Néanmoins l'interprétation défavorable domine déjà dans ce livre, et c'est seulement celle-là que les Grecs ont connue.

*
* *

Le livre « la Sortie au jour » et la loi morale de l'antique Égypte. — Le livre de la *Sortie au jour* contient de nombreuses formules destinées à servir de préservatifs au défunt dans l'autre monde ; il contient aussi le détail des épreuves qui l'attendent dans cette région avant qu'il ait fait prévaloir son innocence, le tableau du jugement qu'il subit devant Osiris et le détail des lois morales auxquelles il doit déclarer, devant le juge infaillible, qu'il a entièrement satisfait. Des peines terribles attendaient les coupables.

Cette loi morale de l'Égypte, telle qu'elle est représentée ici, est incomparablement supérieure à celle que concevaient, aux plus beaux temps de leur histoire, les Grecs et les Romains : il est clair que, lorsque ces textes

---

1. Probablement Hor comme dieu bienfaisant, et Set comme dieu justicier. — De bonne heure on appela Hor : fils d'Osiris, et Isis fut appelée sa mère, mais on n'oublia pas que le père et le fils constituaient un être identique. Cela se trouve partout.

furent rédigés, l'Égypte n'avait pas oublié les prescrip-

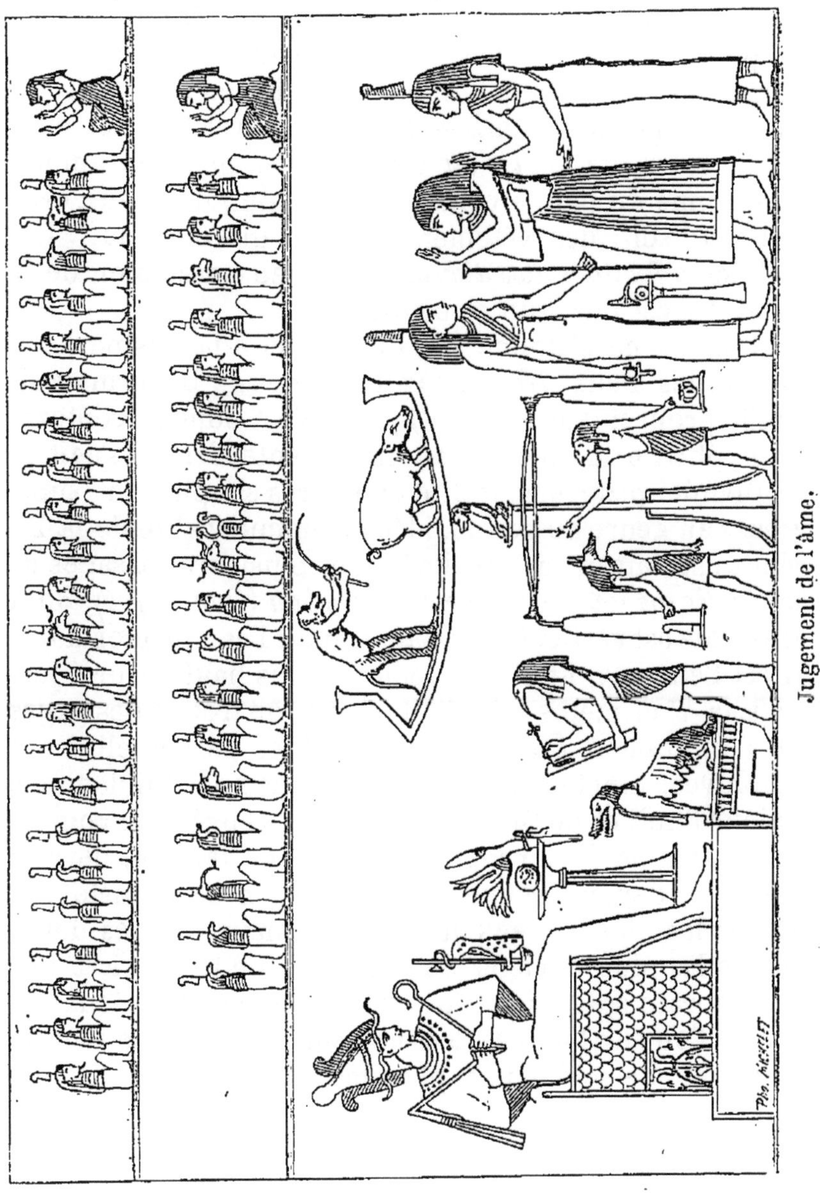

Jugement de l'âme.

tions données par Dieu aux premiers hommes. On y lit
par exemple : « Je n'ai pas opprimé les misérables. —
Je n'ai pas fait molester un esclave par son maître.

— Je n'ai pas tué. — Je n'ai pas causé les souffrances des hommes. — Je n'ai pas causé de dommage. — Je n'ai pas dit de mensonge. — Je n'ai pas fait pleurer. » Et plus loin : « L'Osiris[1] vient à vous (aux juges qui composent le tribunal avec Osiris lui-même); il n'y a ni mal ni péché en lui. — Il vit de la vérité[2], se nourrit de la vérité... *Il s'est concilié Dieu* par son amour. Il a donné du pain à celui qui avait faim, de l'eau à celui qui avait soif, des vêtements à celui qui était nu... Il a fait des *offrandes aux dieux*... Il est en possession de la vérité; il est pur, son cœur est pur. »

Et qu'on ne s'étonne pas de voir ici à la fois nommés Dieu et les dieux. *Nouter* exprime l'idée de Dieu, mais signifie proprement *puissant, fort ;* c'est donc le contexte de la phrase ou du morceau qui fait entendre s'il s'agit de la Divinité proprement dite ou d'êtres simplement supérieurs au genre humain. L'idée incommunicable de la Divinité est clairement exprimée dans plusieurs passages de la *Sortie au jour*. Osiris est l'*Être bon* (*Oun-nofré*), dont la parole est vérité. Il est l'*unique* dans l'eau primordiale ; il est l'éternité. Et si l'on remonte plus haut encore, jusqu'à la Vᵉ et même à la IIIᵉ dynastie, on trouve des pages où l'expression *Dieu* est nettement et perpétuellement employée, exactement avec le sens que nous lui donnons aujourd'hui, et où Dieu est nettement représenté comme le gardien de la loi morale (devoirs de famille; devoirs sociaux, devoirs religieux). Si donc on se reporte aux temps les plus anciens du peuple connu par les documents les plus anciens du monde[3], on trouve à la fois une morale splendide, un dogme sublime, tous deux appuyés l'un sur l'autre. Ceci ne veut pas dire que morale et dogme ne soient pas plus tard tombés bien bas en

---

1. C'est-à-dire le défunt, appelé partout ainsi, parce qu'Osiris l'absorbe en lui-même, comme pour lui servir de sauvegarde.

2. Un même mot, *má*, représentait, en égyptien, la *vérité* et la *justice*.

3. La *famille* d'Israël n'est devenue un *peuple* qu'en Égypte, au temps de la XVIIIᵉ dynastie.

Égypte ; mais, à toutes les époques, des textes divers ont constaté que l'ancienne tradition n'était pas entièrement oubliée.

*
* *

La prépondérance de Thèbes et le culte d'Amon-Ra. — A partir de la XIe et surtout de la XIIe dynastie, Thèbes, dans la Haute-Égypte, devient le centre de la puissance politique, et *Amon-Ra* (le *mystère-soleil*), nom sous lequel y était adorée la Divinité suprême, devient le grand dieu de l'Égypte : le soleil est désormais considéré comme son revêtement ou son incarnation. Naviguer dans la barque du soleil, accompagner ce dieu dans sa course journalière, était considéré comme la suprême récompense des bons dans la vie future.

Mais on voit, sous le nouvel empire, c'est-à-dire après l'expulsion des Hyksos, des poésies écrites en l'honneur, l'une d'Osiris et de Hor, l'autre d'Amon-Ra, où la majesté des doctrines égale ce que nous avons vu plus haut.

Cependant la fable d'Osiris succombant sans le vouloir sous les coups de TYPHON[1] se mêle, dans le premier de ces hymnes, aux louanges de la majesté divine dans la personne d'Osiris et de Hor.

*
* *

Divinités diverses de la Basse-Égypte. — D'autres noms avaient prévalu dans la Basse-Égypte. A Memphis, ancienne capitale et qui resta toujours une ville sacrée, on adorait l'auteur du monde sous le nom de PTAH, et il était censé résider dans le corps du célèbre BŒUF APIS, que l'on nourrissait dans un temple ; aussi appelait-on cet animal *nouvelle vie de Ptah*. A la mort de chacun de ces animaux, Ptah passait dans le corps d'un autre.

---

1. Nom donné à Set par les Grecs.

Procession du bœuf Apis (époque de Thoutmès III).

Plus au nord, à Saïs, c'était une déesse, Neith, qui était regardée comme la Divinité primitive et suprême. Non loin de Memphis, dans la ville d'Ani, que les Grecs ont appelée Héliopolis (*hélios*, soleil; *polis*, ville), parce qu'on y adorait un dieu soleil, on prétendait qu'un oiseau merveilleux venait, à longs intervalles, se brûler et renaître; c'était le *bennou*, que les Grecs et par suite les peuples modernes ont appelé *phénix*; on sait aujourd'hui que c'était un emblème de l'immortalité de l'âme.

J'ai dit *un* dieu soleil, parce que le soleil divinisé était adoré sous différents noms. *Ra* représente le soleil en général; *Shou*, le soleil levant; *Toum* ou *Atoum*, le soleil couchant.

Quant à la lune, elle fut représentée non par une déesse, mais par un dieu, THOT, nom qui exprime aussi et surtout la science et la sagesse divine. On le figurait soit avec la tête soit sous la forme complète d'un ibis, oiseau de ce pays, comme Hor sous la forme d'un épervier. On représentait Isis avec la tête d'une vache, Sekhet avec celle d'une lionne, et Bast avec celle d'une chatte.

On comprend combien ces figures contribuaient à répandre dans l'esprit du peuple des idées grossières sur la divinité.

Suivant une légende, qui de bonne heure devint dominante, Osiris avait succombé sous l'inimitié de Set, son frère[1]. Cette fable se développa graduellement et devint une espèce de conte de fées. ISIS et NEPHTHIS, les sœurs du dieu, le ressuscitent par des procédés magiques, ce qui les fit appeler les COUVEUSES. Hor se fit le vengeur de son père et vainquit Set, sans toutefois lui donner la mort. La résurrection d'Osiris, comme le lever du soleil, étaient les types sacrés de la renaissance de l'homme dans l'autre vie; l'homme pouvait même reprendre la vie corporelle, pourvu que son corps fût préservé ; de là l'importance donnée aux sépultures et à l'art des embaumements.

---

1. On les a dits fils du *dieu* Terre et de la *déesse* Ciel.

II

Textes anciens concernant la religion de l'Égypte.

Voici quelques extraits de diverses compositions religieuses des Égyptiens; ils pourront servir à mieux saisir la manière dont la religion était comprise chez eux, du moins dans les classes lettrées, dans celles qui pouvaient composer des œuvres littéraires. Mais rien ne prouve que lettrés ni prêtres se soient jamais occupés, dans ce pays-là, de préserver le peuple des idées grossières que lui suggéraient son imagination et l'interprétation qu'il donnait naturellement aux figures de ses dieux et aux cérémonies du culte. Il est même probable qu'il en était de même des rangs inférieurs du sacerdoce. N'oublions pas d'ailleurs que le livre de la *Sortie au jour* était déjà fort ancien au temps du nouvel empire, au moins certaines parties de ce livre, et que l'usage en était fort répandu. C'est donc par lui qu'il convient de commencer [1].

*
* *

« O Osiris, dit Thot, ô roi de l'éternité! Je suis le dieu grand dans la barque divine; j'ai combattu pour toi, je suis l'un des chefs divins qui font être vérité la parole d'Osiris contre ses ennemis... Je suis avec les deux pleureuses d'Osiris... Il a été ordonné par Ra à Thot de faire être vérité la parole d'Osiris contre ses ennemis, et l'ordre est exécuté par Thot. (*Chap. I*er.)

« O conducteurs des âmes accomplies dans la demeure d'Osiris, conduisez l'âme de l'Osiris N.[2] avec vous dans

---

1. On vient d'en voir quelques lignes au sujet de la morale religieuse des Égyptiens. Nous empruntons la traduction de M. Pierret.

2. C'est-à-dire du défunt, considéré d'avance comme digne d'être absorbé en Osiris.

la demeure d'Osiris... Qu'il ne soit pas repoussé, qu'il ne soit pas écarté, qu'il entre à son plaisir, qu'il sorte à son gré... Il n'est pas trouvé de péché de lui dans la balance. (*Ibid.*)

« Jugez-moi digne, pour chaque journée qui s'accomplit ici, de fertiliser les champs, d'inonder les ruisseaux, de transporter le sable[1]. (*Chap. VI.*)

« L'Osiris N. dit, en adorant le maître de l'éternité : « Sa-« lut à toi, Harmachis Khepra[2], qui se donne la forme à lui-« même ! Splendide est ton lever à l'horizon, illuminant « la double terre (nord et sud) de tes rayons. Tous les « dieux sont en joie lorsqu'ils te voient, roi du ciel... Que « je ne sois pas emprisonné, que je ne sois pas repoussé, « que mes membres se renouvellent pour contempler ta « splendeur !... Je parviens à la terre d'éternité, et c'est toi « qui as ordonné cela pour moi, qui suis en Ra et en tout « dieu. » (*Chap. XV.*)

« Protège l'Osiris N. dans la divine région inférieure ; fais qu'il soit dans l'Amenti, qu'il dompte le mal ; mets-toi en protecteur derrière lui contre ses péchés ; place-le parmi les vénérables et les augustes ; qu'il se joigne aux esprits de la divine région inférieure ! » (*Ibid.*)

*
* *

Voici maintenant quelques lignes de l'hymne à Osiris dont j'ai parlé ; il paraît avoir été composé peu de temps après l'expulsion des Hyksos :

« La terre entière lui fait adoration ; il est le maître excellent des Dieux... Il consolide la justice des choses ; il place le fils sur le trône du père ; il est l'honneur de son père Seb ; il est chéri de sa mère Nout (la déesse cé-

---

1. Il s'agit de la culture des champs d'Aalou, dans l'Amenti (séjour de l'autre monde). On pouvait s'y faire suppléer par des statuettes.

2. *Hor-em-akhou,* soleil dans l'horizon. *Khepra,* devenir, et aussi former.

leste)... Il a fait cette terre de sa main, ses eaux, son souffle, ses champs fertiles, ses troupeaux, tous les oiseaux... Comme le soleil, il brille à l'horizon, il donne la lumière à la face des ténèbres[1]. »

Oui ; mais il n'en a pas moins été accablé par Set, et alors « sa glorieuse sœur Isis l'a protégé... Elle l'a cherché sans se reposer et fait le tour de cette terre en se lamentant ; elle ne s'est point arrêtée jusqu'à ce qu'elle l'ait trouvé... Elle a fait des invocations à l'enterrement de son frère... Elle l'a fait lever de son immobilité », c'est-à-dire ressuscité.

Mais bientôt paraît Hor, fils d'Osiris et d'Isis : « Il a jugé la terre... Le disque solaire est subordonné à ses plans, et le souffle, le fleuve, les temps et les eaux[2],... il fait tout végéter lui-même... Son ennemi succombe en combattant... Le fils d'Isis a défendu son père. Bienfaisant est son nom... Il a pris la couronne de la région supérieure » (Haute-Égypte).

Environ deux siècles plus tard, on écrivait, dans un hymne à Amon-Ra, publié et expliqué par M. Grébaut :

« Un dans son rôle comme *avec* les dieux[3]... possesseur de la Vérité, père des dieux, auteur des hommes, producteur des animaux, seigneur des choses, producteur des plantes nutritives. (§ III.) Produit de Ptah... les dieux lui font des adorations. Auteur des choses d'ici-bas et des choses d'en haut, il illumine les *deux régions*, traversant le ciel en paix, roi du *Midi* et du *Nord*, soleil véridique... Maître de la terreur, chef faisant la terre dans sa forme, dispensateur des destinées plus qu'aucun dieu. (§ IV.)

---

1. Le dieu soleil était même censé parcourir pendant la nuit l'Amenti séjour des morts, la bonne Amenti comme on l'appelait quelquefois.

2. Il est donc assimilé à Osiris ; bien plus, il est le même qu'Osiris, puisqu'on l'appelle au même endroit « Osiris, fils de Hor », au lieu de « Hor, fils d'Osiris ».

3. Parce que, dans la doctrine supérieure, les dieux sont les attributs ou les actes habituels de la Divinité.

« Les dieux s'élancent à ses pieds, lorsqu'ils recon-
naissent sa majesté comme leur maître... (Ils lui disent) :
« Adoration à toi, père des dieux, qui as suspendu le
« ciel et repoussé la terre (loin du ciel). » (§ VI.)

« Il précipite son ennemi par la flamme : c'est son
œil qui renverse les impies. (§ IX.)

« *Il émet sa parole, et les dieux existent*. Toum[1], père
des êtres intelligents, qui détermine leur manière d'ê-
tre. (§ X.)

« C'est lui qui exauce la prière de qui est dans l'op-
pression ; doux de cœur envers celui qui crie vers lui ;
délivrant le timide de l'audacieux, juge du puissant et
du malheureux. (§ XI.)

« Maître de l'intelligence, sa parole est substance ; le
Nil est venu par sa volonté... Les dieux se réjouissent
de sa beauté ; leurs cœurs vivent lorsqu'ils le voient...
(§ XII.)

« Forme unique produisant toute chose, le *un* qui est
seul, produisant les existences. (§ XV.)

« Hommage à toi par toutes les créatures ! acclama-
tion à toi en toute région, dans la hauteur du ciel, dans
l'étendue de la terre, dans la profondeur de la mer ! Les
dieux courbés devant ta majesté exaltent les âmes de
leur producteur. (§ XVII.)

« Le un qui est seul, étant sans second de lui. » (§ XIX.)

*
* *

Et cependant, à la même époque où l'ancienne Égypte
écrivait ces magnifiques paroles, des germes de profonde
immoralité pénétraient, ou plutôt avaient depuis longtemps pénétré dans sa mythologie, qui admettait un
dieu meurtrier de son frère. En vain une grande école
luttait, comme nous le voyons, en faveur de la tradition
antique, contre la dégradation lente, mais sûre, de la

—————

1. *Toum*, c'est encore le soleil, quand il disparaît à l'occident.

vieille doctrine religieuse. Un coup mortel lui était porté par la confusion produite dans le langage entre les créatures et le créateur, entre l'adoration du monde et celle de son auteur, spécialement quand on faisait de la terre et du ciel le père et la mère d'Osiris, erreur qui, grandissant de plus en plus, fit en quelque sorte disparaître, dans les siècles suivants, ce qui restait d'esprit réellement religieux dans le peuple égyptien.

III

Le culte.

Les différentes fêtes religieuses. —Les fêtes étaient fort nombreuses, et les cérémonies variées ; elles consistaient surtout en sacrifices et purifications. Elles étaient réparties entre les jours de l'année et entre différentes villes, ayant chacune son dieu principal; car les dénominations diverses de la Divinité étaient devenues graduellement, mais certainement de bonne heure, pour le peuple, des appellations de divinités diverses. Mais cela ne veut pas dire que plusieurs d'entre elles ne fussent pas adorées dans une même ville et, qui plus est, dans un même temple, l'une au premier rang, les autres à titre accessoire.

On a trouvé, du moins pour ce qui concerne Thèbes, des tableaux de répartition des fêtes entre les jours de l'année et des listes d'offrandes pour chacune d'elles. L'une des cérémonies consistait à porter en triomphe l'image d'un dieu dans une nacelle : on sait que le dieu soleil était censé parcourir le monde dans une barque, et non dans un char comme le dieu soleil des Grecs. Le Nil était pour les Égyptiens la voie de communication pas excellence.

Mais, outre les cérémonies publiques attachées à des fêtes annuelles, il y avait, dans l'intérieur des temples ou de certains temples, des cérémonies journalières ; on

en connaît en l'honneur d'Amon, de Maut[1], de Ptah, d'O-
siris, d'Isis, de Hor, et particulièrement de *Hor dans les
horizons* (considéré comme dieu solaire); mais on a remarqué que le fond de ces cultes journaliers était toujours
le même : offrandes, parfums, purifications, surtout par
l'eau, toilette des statues, récitation ou chant des hymnes, etc.[2]. On y trouve en première ligne la cérémonie
d'allumer du feu, lequel était considéré, à l'époque où
fut composée la formule attachée à ce rite, comme faisant
partie de la substance même de Hor[3].

Une autre cérémonie figurait Thot délivrant l'œil de
Hor de la captivité où le détenait Set. A d'autres mo-
ments, on faisait à l'image du dieu une onction d'huile
mêlée d'encens ; parmi les encensements, il en était un
qui avait pour objet d'honorer non pas seulement une
divinité désignée, mais l'ensemble des dieux ou un
groupe de divinités.

*
* *

Les rites funéraires. — Une partie très importante
des rites égyptiens était formée par ceux des funérailles.
D'abord l'embaumement du corps, qui était une cérémonie essentiellement religieuse, accompagnée de récita-
tions sacrées, cérémonie que l'on connaît avec beaucoup
de détails et qui avait pour but de préparer la résurrection future du cadavre. Des objets déterminés étaient
renfermés dans le tombeau, pour mettre le défunt en état
d'accomplir le rôle qui lui était réservé dans l'autre
monde. Un prêtre chargé de l'encens et des libations à
faire marchait avec le convoi. La déposition du corps

---

1. La *mère;* c'était l'épouse d'Amon.
2. Voyez Lemm., *Rituel du culte d'Ammon* (en allemand).
3. Aussi le rite d'allumer une ou plusieurs lampes dans les sépultures, signifiait-il la renaissance de la vie humaine dans l'autre monde, et l'invocation de Hor, qui a sauvé son père Osiris, auquel était assimilé le défunt, avait la même destination.

dans la sépulture était accompagnée d'un banquet et
aussi de chants funèbres.

Mais, de plus, des rites s'accomplissaient dans l'inté-

On enveloppe la momie dans ses bandelettes.

rieur même de la construction et de la grotte funéraire :
j'entends si les familles étaient assez riches pour élever
et creuser ces monuments, dont nous parlerons plus loin.

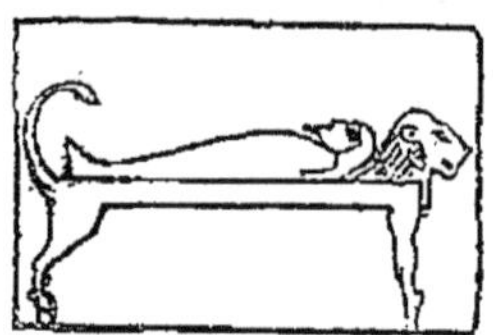

Lit funèbre.

Peut-être, dans le cas contraire, célébrait-on ces rites à
l'extérieur de la fosse.

On célébrait d'abord, dans une chapelle extérieure, la

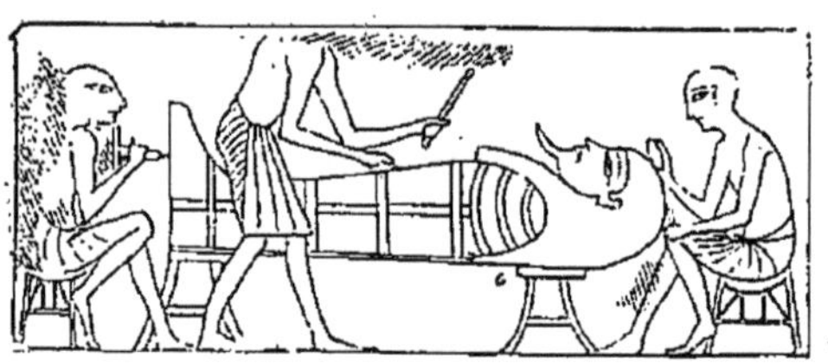

Peinture et polissage du cercueil.

purification par l'eau et l'encens, non pas de la momie
elle-même, c'est-à-dire du corps embaumé, mais de la
statue ou statuette qui représentait le défunt et à laquelle
on croyait attachée une partie de son âme; car les Égyptiens s'imaginaient que quatre âmes différentes au moins
appartenaient à un même individu. C'était à cette partie,
unie à la statuette, qu'étaient destinées les offrandes ali-

mentaires annuelles qu'on chargeait un dieu de trans-
mettre au défunt.

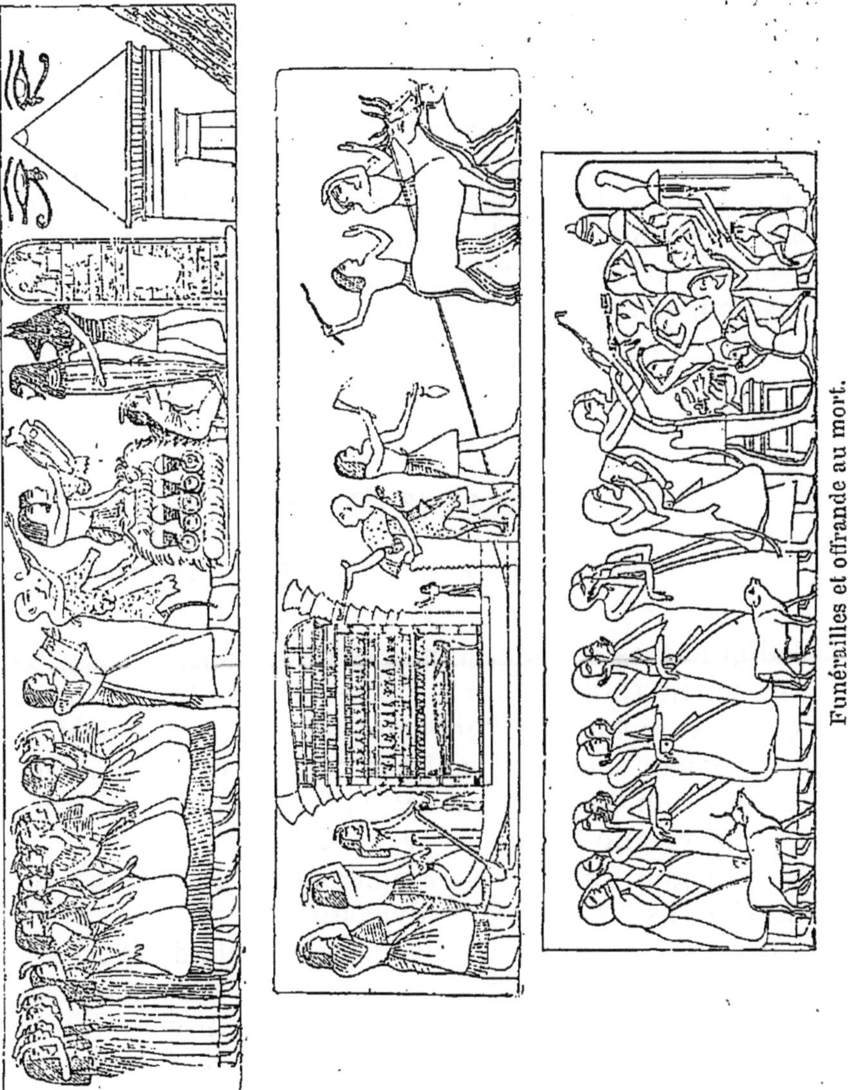

Dans la salle même du sarcophage (cercueil de pierre)
on accomplissait des cérémonies portant le nom collectif
d'*ouverture de la bouche*, parce qu'elles devaient rendre
au défunt l'usage de ses facultés, et spécialement de la
parole et de la vue : le prêtre se décorait pour cela du

nom de Hor, fils d'Osiris, et par conséquent fils du défunt, devenu un Osiris. Le fils réel accomplissait aussi
une cérémonie semblable. Un sacrifice la suivait, lequel
était suivi d'une autre cérémonie, destinée à opérer l'a-
pothéose du défunt. Un texte publié récemment nous
fait même savoir qu'il était libre de choisir le dieu auquel il devait être assimilé, et que ce dieu pouvait être
Thot, celui de la sagesse. Comme nous avons vu que le
défunt digne de récompense devenait un Osiris, on ne
peut méconnaître ici la tradition de ce principe que les
grandes divinités de l'Égypte étaient un même dieu sous
des noms divers.

CHAPITRE III

GOUVERNEMENT ET ADMINISTRATION

Dignitaires et fonctionnaires de la cour. — Le gouvernement était monarchique, et de très bonne heure
les inscriptions nous font connaître des dignitaires et
fonctionnaires appartenant à la cour des rois et à l'administration qui était exercée en leur nom ; on en trouvera la mention dans le grand mémoire d'un savant
égyptologue français, M. Emmanuel de Rougé, sur les
inscriptions des premières dynasties.

Dès le temps de la IVe, dit-il, « une foule de fonctionnaires de tout ordre attestent la richesse et la puissance
de son gouvernement (celui du roi). » On y trouve *un
prêtre d'Apis commandant des portes et chef de tous les
travaux du roi* (ministre des travaux publics), un chef des
secrets (secrétaire d'État[1]), « *un chef du secret de tous
les travaux qu'il plaisait au roi de faire...* Sa Majesté lui

1. M. Lenormant a fait remarquer que ce titre s'appliquait à divers départements ministériels.

a accordé de toucher ses genoux et l'a dispensé de se prosterner jusqu'à terre ». On voit comment était alors conçue l'étiquette du palais. Ce personnage fut surintendant de la maison des provisions de bouche (on aurait dit, de notre temps, intendant de la liste civile), chef du secret, chef de tout ouvrier des mines (ingénieur en chef), gouverneur du domaine de la donation royale. Il fut aussi chargé des travaux d'un temple de Ptah[1]. Un autre personnage était *gouverneur de la grande demeure de la maison des écritures,* soit qu'il s'agît d'un dépôt d'archives ou des bureaux de l'administration centrale.

D'autres titres et figures de hauts dignitaires se trouvent encore au temps de la VIe dynastie. On y voit, dans l'ordre politique, un *scribe royal du palais,* docteur chef des écritures, docteur qui met en lumière les écritures de la grande double demeure, c'est-à-dire du palais.

Un autre grand fonctionnaire était *celui qui met en lumière les requêtes;* il y en avait aussi un qui mettait en lumière les *écritures du contrôle* (cour des comptes ou cour de cassation). — Un *président aux écritures* de la maison du domaine était ou fut aussi *chef de l'infanterie des bons jeunes gens.*

*
* *

Finances et justice. — Dans l'ordre financier, nous trouvons un *chef des greniers* ou magasins, chef de la *double demeure du trésor,* chef *des lieux des offrandes de denrées*[1]. C'était, comme on le voit, un ministre des finances ou tout au moins des recettes royales; mais cette distinction du trésor et des denrées paraît se rapporter à celle des tributs métalliques et des tributs payés en nature. Les Égyptiens, avant la conquête des Perses, n'avaient pas de monnaie proprement dite, mais bien des anneaux de métal, que l'on estimait au poids. Le

---

1. Il est bien clair qu'il n'exerça pas en même temps toutes ces fonctions.

même personnage porta aussi le titre de *chef de tous les travaux* du roi, *chef des écritures* du roi, *chef du secret de toutes les paroles* prononcées par le roi ; il est clair que lui aussi exerça ces diverses fonctions l'une après l'autre, car il était impossible qu'un homme suffît convenablement à toutes. Ce grand fonctionnaire de l'*Ousekh* paraît avoir appartenu à l'ordre judiciaire, car *Ousekh* est le nom donné à la *salle du jugement* des âmes par Osiris. Le ministre de la guerre (ou peut-être intendant de l'arsenal) était appelé chef de la demeure du combat, de l'arc et de la flèche.

Si nous rentrons dans les fonctions de cour ou titres de courtisans, nous voyons encore, sous la VI⁰ dynastie, un prêtre qui est chef de la *maison de rafraîchissement* du roi (sommelier) et *compagnon dans les chemins* qui plaisent à son seigneur. Un autre, qui a servi à la fin de la V⁰ dynastie et au commencement de la VI⁰, était : « celui qui monte dans tous les navires (du roi ; au XVIII⁰ siècle, on disait : droit de monter dans ses carrosses), le choisi pour accompagner, qui entre dans tous les chemins. Sa Majesté lui accorda d'entrer dans l'intérieur (les grandes ou les petites entrées, à Versailles) ; comblé de faveurs par Sa Majesté, Sa Majesté lui accorda des vivres dans tout lieu où elle se trouverait en voyage. »

Si on les considère dans leur ensemble, ces faits commencent à donner une idée saisissante de la société égyptienne à cette époque ; il ne paraît pas d'ailleurs qu'il y ait eu, aux temps du moyen et du nouvel empire, aux temps prospères du moins, de changement dans l'organisation et l'étiquette du pouvoir central.

*
* *

Administration provinciale. — Des listes de provinces ou *Nomes*, comme les ont appelées les Grecs, qui sont conservées sur les monuments, presque toutes appartiennent aux temps macédoniens et romains de l'histoire d'Égypte. La plus complètement conservée en contient 22 pour la Haute-Égypte et 22 pour la Basse ; mais il est certain que cette division était beaucoup plus ancienne. Des listes, dont il reste peu de chose, il est vrai, mais où la représentation symbolique des diverses provinces correspond exactement à ce qu'elle fut plus tard, appartiennent aux premiers règnes de la XIXᵉ dynastie, à celui de Thoutmès III dans la XVIIIᵉ, et même au temps des Pyramides.

Il n'est donc pas vrai que, comme on l'a dit, Sésostris (Ramsès II) ait créé la division de l'Égypte en provinces et qu'il l'ait fixée au nombre de 36, quoiqu'il soit possible que ce nombre fût celui des provinces de son temps.

Chaque nome fut divisé en trois parties, dont il paraît que l'une comprenait la population agglomérée, l'autre le voisinage des canaux, et la troisième la partie la plus éloignée du fleuve. Il faut noter encore que les provinces avaient chacune leur nom vulgaire et leur nom sacré, comme chacune était sous la garde d'une divinité spéciale [1].

Quant aux titres et fonctions de divers degrés, on en possède une liste qui paraît, selon M. Maspero, appartenir à un temps intermédiaire entre les grandes dynasties du nouvel empire et l'avènement des rois saïtes, c'est-à-dire de la XXVIᵉ dynastie. Cette liste a été publiée en égyptien et en français par le *Journal asiatique*, sous le nom de *Manuel de la hiérarchie égyptienne;* elle débute par une énumération de termes astronomiques, météorologiques, topographiques et mythologiques, et elle se termine par des noms de métiers de toute espèce. Mais c'est l'administration qui nous occupe en ce moment.

Voici d'abord les titres appartenant aux dignitaires de la cour et de l'administration centrale, placés ici après les principaux membres de la famille royale :

____

1. Sur tous ces détails, voyez le 1ᵉʳ volume de la *Géographie des anciens Égyptiens,* par Brugsch (en allemand).

« Prince [1], comte [2], ami unique [3], commandants en chef des gardes du corps, secrétaires de Hor, le taureau vigoureux (c'est-à-dire du roi), grands maîtres de la maison du Dieu bon (c'est-à-dire du roi encore), premiers hérauts royaux de Sa Majesté, vie, santé, force [4]; exécuteurs des travaux illustres du maître des deux mondes [5], châtelains du roi victorieux, maîtres de la salle d'audience de leur seigneur, vie, santé, force, écrivains royaux des entrepôts pour tout ce qu'il y a dans le palais royal,... préposés de la double maison de l'or et de l'argent [6]. » — Et plus loin : « Supérieurs des experts du palais royal, chefs de la terre entière, » c'est-à-dire de tout le royaume.

Un peu auparavant l'auteur avait indiqué celui de comtes (*Zatou*) nomarques [7], c'est-à-dire gouverneurs de provinces, et aussi quelques titres militaires et sacerdotaux; ces derniers reviennent en plus grand nombre vers la fin de la liste ; mais, comme administrateurs, on trouve : « les lieutenants des préposés du sceau de la douane de la mer, les préposés aux provinces de Syrie et d'Éthiopie, les scribes des contributions directes, les scribes contrôleurs, préposés aux embouchures des canaux des bas cantons, les contrôleurs d'impôts de la terre entière (*V. supra*), les majordomes des souverains de l'Égypte,

1. Mot à mot *chef de tribu,* comme l'explique M. Maspero.

2. *Zat,* dignité civile et militaire, comme celle des comtes francs, au temps des Mérovingiens.

3. Ce titre *d'ami* se retrouve en Égypte sous les successeurs d'Alexandre.

4. C'est une addition qui suit fréquemment en Égypte le titre royal et en fait pour ainsi dire partie.

5. Le nord et le midi de l'Égypte : le reste de la terre était considéré comme un accessoire; nous verrons d'ailleurs tout à l'heure que l'Égypte avait alors des provinces étrangères.

6. Voyez plus haut ce que nous avons dit de l'administration de l'ancien empire.

7. L'emploi du pluriel indique qu'il ne s'agit plus d'un fonctionnaire unique, mais de fonctionnaires de même espèce en divers lieux. Sous les Ptolémées, le gouverneur d'une province portait, en grec, le titre de général. Voir note 2 ci-dessus l'explication du mot *zat.*

les supérieurs des scribes des rôles de la cour suprême, les supérieurs des gardiens des registres de la *double douane de mer*[1], » et enfin divers titres sacerdotaux et auliques d'ordres très divers.

Comme on le voit, les rangs et les fonctions sont assez confusément présentés ; mais, si l'on était surpris de les voir si variés et si nombreux, il faut songer que du temps des Ptolémées on a trouvé pas moins de quarante-quatre signatures ou expéditions à donner, y compris celles des deux ministres des finances et de la guerre, pour autoriser un jeune homme à s'engager comme simple soldat, dans une garnison déterminée, pour affaires de famille.

On a d'ailleurs peu de détails sur l'administration provinciale proprement dite. Il ne paraît pas que les pouvoirs militaires, administratifs, ni peut-être même judiciaires, aient jamais été bien séparés.

La justice. — Il y a eu (on ne saurait dire pendant combien de temps) un tribunal suprême composé de trente et un juges. Voici comment Diodore[2] en a décrit la composition et l'exercice :

« On choisissait dix juges de chacune de ces trois cités : Héliopolis, Thèbes et Memphis... Tous les trente étant réunis, ils élisaient comme président le plus respecté d'entre eux, et la ville à laquelle il appartenait envoyait un juge de plus... Le président portait au cou, suspendue à une chaîne d'or, une figure de pierres précieuses qu'on appelait la Vérité[3]... Le code des lois, formant huit volumes, était placé devant les juges. L'accusateur inscrivait un à un les chefs d'accusation et comment on les avait encourus ; il exposait la gravité

---

1. C'est-à-dire de la mer Rouge au sud et de la Méditerranée au nord.

2. I, 75-76.

3. Soit la représentation de la déesse *Mâ*, soit la plume d'autruche qui était le symbole de la vérité. Nous avons dit que, chez les Égyptiens, justice et vérité s'exprimaient par le même mot. Dans la représentation du jugement de l'âme, on voit la figure de la vérité dans un plateau de la balance et le cœur du défunt dans l'autre.

de la faute ou du dommage. La défense, ayant pris communication de l'accusation ainsi rédigée, répondait à chaque article ou que l'inculpé n'avait pas fait ce qu'on lui reprochait, ou que, l'ayant fait, il n'était pas coupable, ou que, coupable, il méritait un moindre châtiment ; l'accusation et la défense pouvaient répliquer à leur tour ; des deux parts on remettait aux juges ce que l'on avait rédigé. Alors les trente juges se communiquaient leurs avis, et le président appliquait à l'un des deux adversaires la figure de la Vérité.

« C'est ainsi que les Égyptiens terminaient tous les procès, pensant que les plaidoyers oraux obscurcissent beaucoup la justice. Ils disaient que l'art des orateurs, les charmes de l'action, les larmes des accusés, amenaient souvent à négliger la rigueur des lois et l'exactitude de la vérité,... tandis que, les plaidoyers des deux parties étant écrits, les jugements seraient conformes à la justice, parce qu'on ne verrait que les faits eux-mêmes. »

Nous ne possédons qu'un petit nombre de procès égyptiens, enquêtes, procédures, débats ou jugements, d'ordre criminel pour les temps antiques, d'ordre civil pour les temps postérieurs à la conquête d'Alexandre, temps où nous savons que les anciennes lois étaient restées en vigueur, quand elles n'étaient pas modifiées par quelque ordonnance des nouveaux souverains.

*
* *

La féodalité égyptienne. — Dans tous ces titres et fonctions nous ne voyons rien qui fasse penser à un partage du pouvoir au moyen d'institutions libres et représentatives. Les rois d'Égypte ont porté le titre de Hor ; on les a considérés comme des incarnations de cette grande divinité.

Cependant il ne faudrait pas affirmer qu'il n'y avait pas en Égypte d'autre pouvoir que celui du roi, du

moins avant l'invasion des Hyksos. On trouve quelquefois mentionnée dans les inscriptions une espèce de
féodalité, c'est-à-dire des seigneurs qui lèvent et com-
mandent dans leurs provinces des troupes, peut-être au
nom du roi ou du moins pour son service, mais qui
lèvent des impôts en leur propre nom, et qui gouver-
nent des provinces à titre héréditaire. Sans doute le roi
devait donner à chaque héritier l'*investiture* du domaine
paternel; mais on sait par l'histoire de l'Europe que
cela n'empêchait pas l'hérédité d'être effective.

Dans l'ancienne Égypte, comme dans la France et
d'autres pays au moyen âge, une alliance matrimoniale
pouvait même transférer une province d'une famille à
l'autre, d'autant plus naturellement qu'il paraît en avoir
été parfois ainsi même quant aux dynasties royales.

Avant de passer à un autre objet, il convient de citer
une remarque, importante au point de vue historique,
d'un savant égyptologue français, M. Pierret : « Ce qui a
été raconté par d'anciens auteurs, dit-il, sur des assem-
blées populaires, jugeant les rois après leur mort et leur
refusant la sépulture quand leur conduite les en rendait
indignes, est absolument faux et, on peut le dire, anti-
égyptien. Les rois étaient des dieux pendant leur vie et
après leur mort, et leurs actes échappaient au contrôle
humain. »

CHAPITRE IV

POPULATION, MŒURS ET COUTUMES;
INDUSTRIE, COMMERCE.

Les classes de la population. — Rien de plus connu
que la division de la population égyptienne en classes
héréditaires, telle que la mentionne Hérodote (l. II,
chap. CLXIV-CLXVIII) : prêtres, guerriers, bouviers, por-

chers, marchands, interprètes et matelots ; Hérodote a raconté un peu plus haut comment une classe d'interprètes fut formée, lorsqu'un commerce régulier s'établit entre l'Égypte et la Grèce. Toute autre profession que celle des armes, dit-il, était interdite, de père en fils, aux familles de militaires. De grands avantages, des propriétés foncières importantes, étaient attachés aux deux premières classes, comme exerçant des services publics.

Quant aux cinq autres, Diodore (I, LXXIV) n'en reconnaît que trois : pasteurs, laboureurs et artisans. Sans doute il comprend sous ce dernier nom les marchands et les matelots d'Hérodote, c'est-à-dire tous ceux qui ont une profession tenant au commerce ; il néglige les interprètes, dont la création appartient aux derniers temps de l'indépendance égyptienne. Hérodote avait sans doute confondu laboureurs et bouviers, à cause de l'usage des bestiaux dans l'exploitation des terres. Quant aux porchers, ils ne devaient pas former une race vraiment égyptienne, puisque Hérodote a dit ailleurs (XLVII) que les Égyptiens avaient horreur du porc.

Diodore affirme d'ailleurs, et plus explicitement qu'Hérodote, qu'en Égypte non seulement toute fonction publique était interdite aux classes populaires, mais que chacun de ceux qui les composaient était strictement obligé de s'adonner au métier de son père (I, LXXIV) ; de là, dit-il, une industrie parfaite, par suite de l'expérience traditionnelle des familles.

Ce régime des castes a été nié par M. J.-J. Ampère, dans la *Revue archéologique* de 1848 ; il avait, en effet, reconnu par des faits multipliés et authentiques, trouvés dans des textes égyptiens, que des charges sacerdotales, militaires et civiles furent possédées par un même individu ou par une même famille. Cela ne prouverait pas, il est vrai, qu'elles pussent être exercées par le fils d'un cultivateur ou d'un artisan.

Cependant un savant anglais a reconnu que ce dernier fait a été possible, au moins à une époque très ancienne ;

et il paraît que, sauf peut-être dans les derniers siècles,
l'hérédité des professions supérieures ou inférieures et
les mariages bornés aux familles d'une même profession
représentent plutôt une coutume générale et enracinée,
qu'une disposition impérative de la loi. M. Wiedemann a
constaté, dans le *Museon* de Louvain (1886), que l'on voit,
sous le moyen et surtout sous le nouvel empire, des familles sacerdotales s'allier à d'autres familles, et que,
aux époques les plus diverses, il y a des exemples des
faits énoncés par M. Ampère.

*
* *

La première classe, d'après Hérodote. — « Les prêtres ne sont vêtus que de lin et chaussés que de papy-

Roi, chef militaire.

rus ; il ne leur est pas permis d'user pour cela d'autres matières. Deux fois chaque jour et deux fois chaque
nuit, ils prennent des bains froids ; ils accomplissent
encore une multitude d'autres rites. Il leur est fait
d'ailleurs des avantages considérables : ils n'ont en effet
rien à consommer ni à dépenser de leur propre revenu

pour leur nourriture ; mais on leur sert chaque jour des

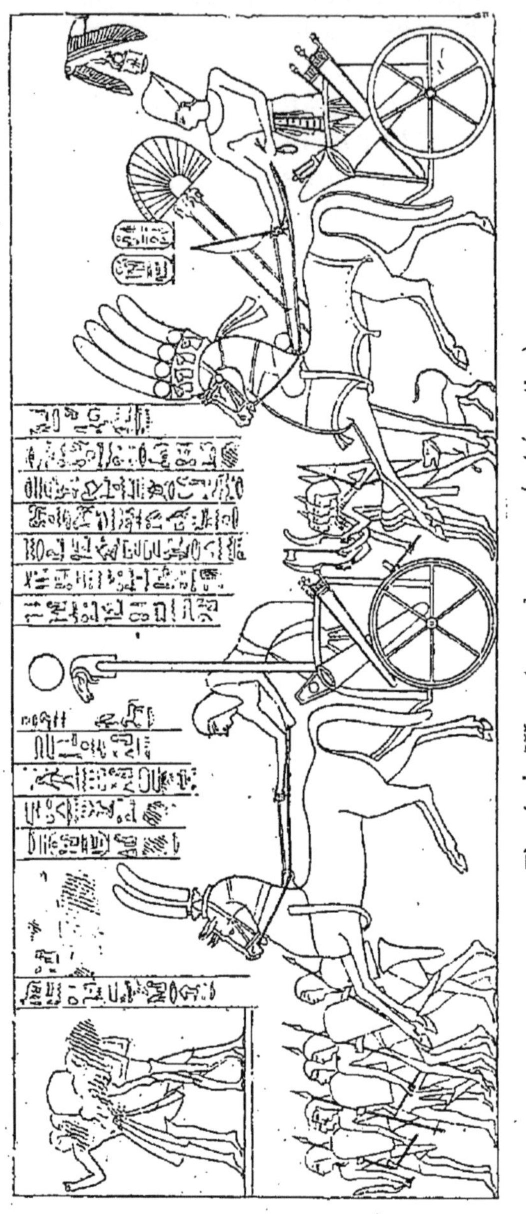

Thoutmès III part pour la guerre (art égyptien).

mets sacrés tout cuits, de la chair de bœuf et d'oie en abondance, avec du vin de raisin ; il ne leur est point permis d'user de poisson. Les Égyptiens ne sèment point

de fèves, et ils ne cuisent ni ne mangent celles qui croissent à l'état sauvage. Quant aux prêtres, il ne leur est pas
même permis de les regarder, considérant ce végétal

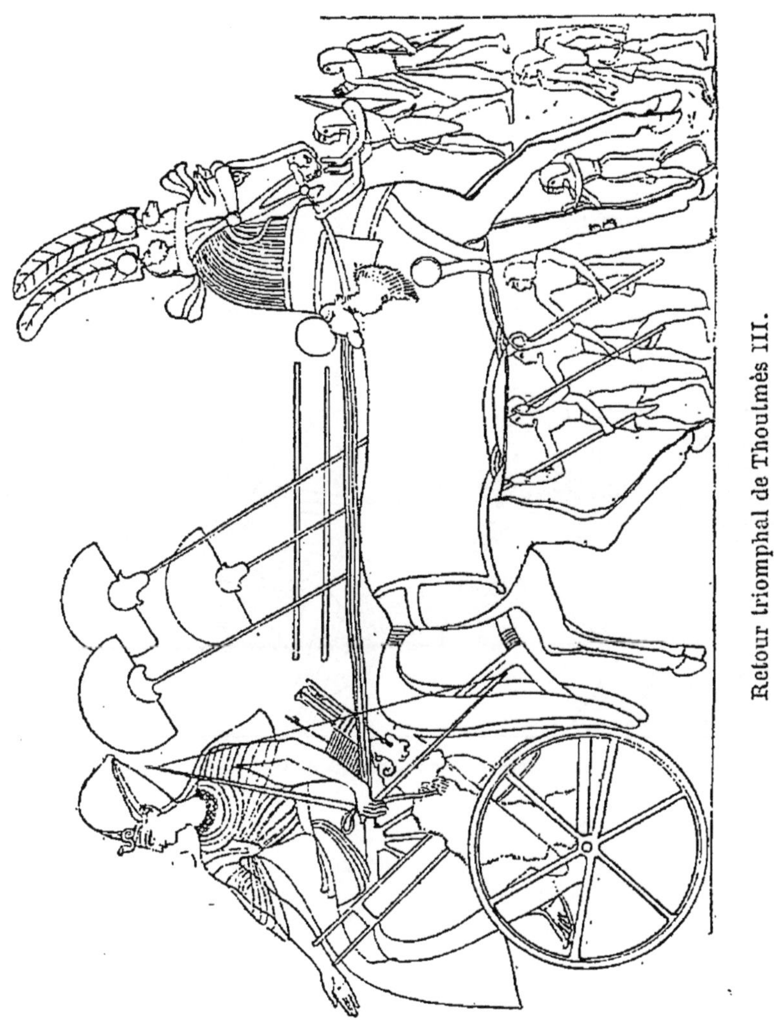

Retour triomphal de Thoulmès III.

comme un être impur. Chaque dieu a plusieurs prêtres,
et parmi eux un grand prêtre, à qui son fils succède quand
il meurt. »

*
* *

Attribution de terres aux guerriers. — Les terres de

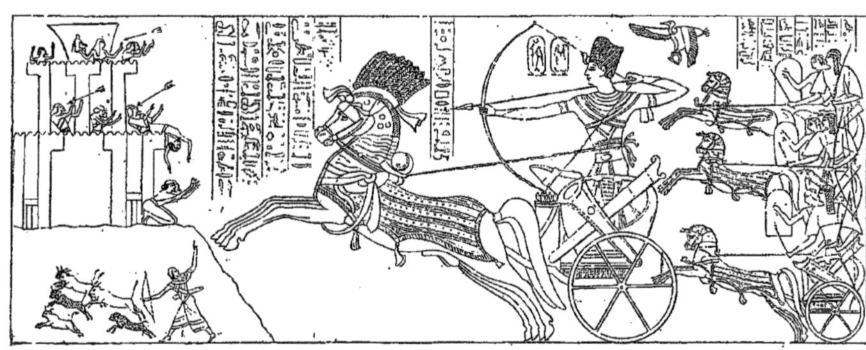

Guerre de Ramsès II contre les Khétas.

différentes provinces étaient attribuées (peut-être en par-

Amon donne la victoire à Ramsès II.

tie) aux familles militaires, c'est-à-dire possédées hérédi-
tairement par elles à la condition du service militaire;

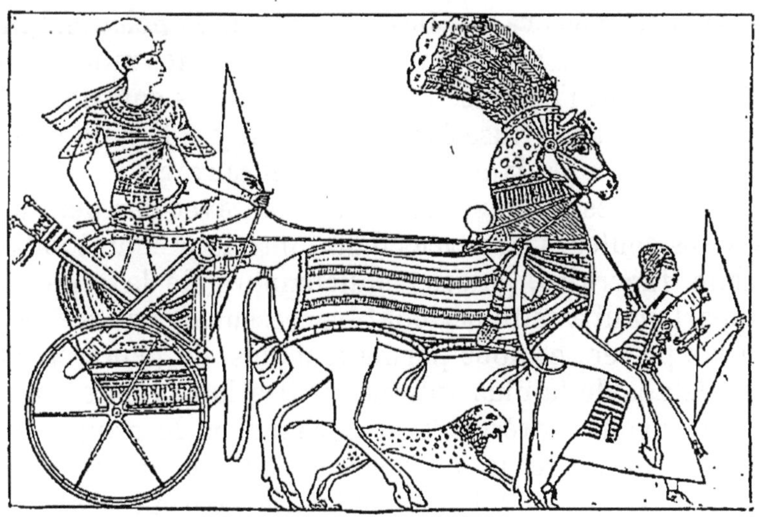

Retour triomphal de Ramsès II.

on divisait ces familles en Hermotybiens, au nombre de
160,000, et Calasiriens, au nombre de 240,000. Chaque

famille avait une mesure de terre déterminée, mais non toujours les mêmes champs ; les soldats qui, chaque année à tour de rôle, étaient détachés au nombre de deux mille pour la garde du roi, étaient de plus nourris aux frais du trésor.

La transmission des divers champs d'une famille à l'autre peut expliquer jusqu'à un certain point que le nombre de ces lots restât le même : on faisait sans doute passer à celles qui avaient plusieurs garçons les terres de ceux qui n'en avaient point ; du reste cette organisation n'était peut-être pas fort ancienne dans ses détails. Dans tous les cas, elle dut être profondément altérée par l'émigration en Éthiopie d'un très grand nombre de soldats qui, au temps du roi Psammétique, étaient devenus jaloux des aventuriers grecs et cariens que ce prince avait pris à son service.

*
* *

Arts et métiers. — Dès le temps de l'ancien empire, c'est-à-dire des six premières dynasties, les monuments représentant l'exercice des arts et métiers contribuent à constater une civilisation réelle, et il y a lieu de penser que l'Égypte n'a jamais connu l'état sauvage.

Des figures sculptées en haut-relief, avec des peintures à vives couleurs, trouvées dans l'intérieur d'un tombeau (salle funéraire, galerie, antichambre de la sépulture) appartenant à cette période[1], représentent des scènes de la vie privée, et nous permettent ainsi de pénétrer dans les détails de la plus antique civilisation égyptienne.

On y voit représentés le cordonnier, le sculpteur en bois et en pierre, le tourneur, le souffleur *de verre* (sur plus d'un monument cette industrie est représentée), et aussi tous les travaux de la menuiserie, depuis l'aba-

---

1. C'est le tombeau de Ti, chambellan et ministre de la guerre d'un des rois de ce temps-là.

tage de l'arbre jusqu'à la fabrication de meubles élé-
gants : la scie, le marteau de bois, le ciseau, le vilebre-

quin, etc., étaient dès lors des outils employés dans
l'industrie. On y voit aussi représentée la batellerie de
ce temps-là, dans la translation par eau d'un défunt vers
le lieu de la sépulture. La barque qui le porte et celles

qui l'accompagnent voguent soit à la rame, soit à pleines
voiles ; on y distingue le mobilier funéraire.

Mais presque toutes les représentations trouvées dans
les tombeaux de cette époque se rapportent à l'existence
du défunt pendant sa vie : grand propriétaire ou investi
d'un grand domaine royal, sa sépulture est surtout dé-

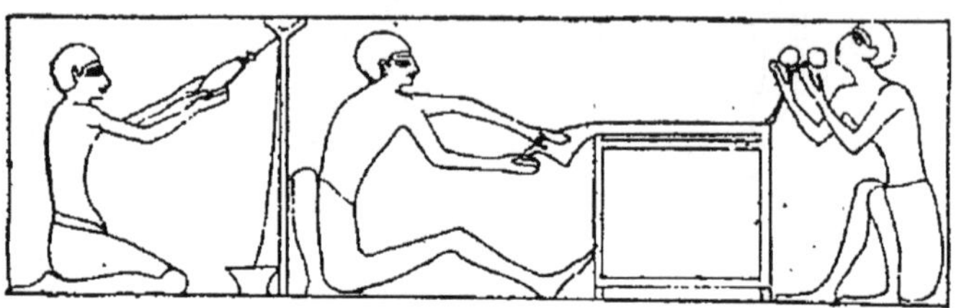

Fileur et tisserand.

corée de scènes de la vie rustique : chasse, pêche, agriculture, fabrication du vin, élevage d'animaux domestiques, apport au maître des productions rurales. Les
fruits, les légumes, l'huile, l'encens, y figurent, ainsi que

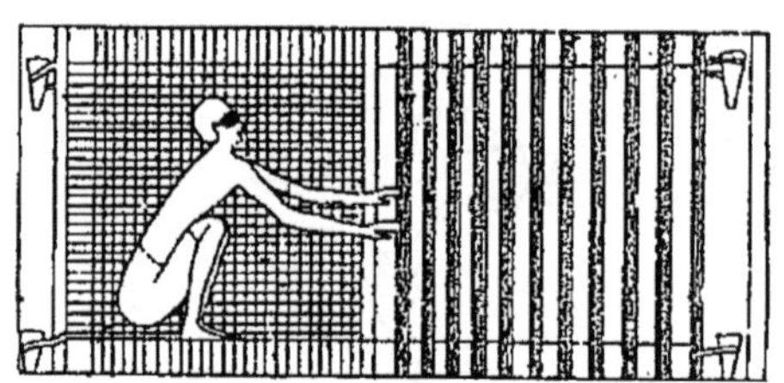

Tisserand.

le vin, la bière, le linge[1]. On voit mener des chiens en
laisse, traire des vaches, dont on a eu soin d'attacher
les veaux ; ailleurs un bœuf traîne une charrue. On voit
aussi donner la pâtée à une oie, nourrir des canards et
un pigeon ; mais il n'y a nulle part de poules ; on ne
voit non plus alors ni chevaux, ni chameaux, ni mou-
tons. Des hommes accroupis jouent au trictrac ou aux
échecs.

1. Ces représentations sont accompagnées d'inscriptions, et elles-
mêmes sont très fidèles ; on y reconnaît nettement les variétés
des espèces animales.

Toutes les scènes de l'agriculture se succèdent : terrain du champ ouvert avec la houe, semailles, récolte à la faucille, battage et criblage du grain (le battage est fait par des bœufs ou des ânes), enfin balayage de l'aire. Une des scènes les plus curieuses représente un troupeau surpris par l'ouverture d'un canal lors de l'inondation du Nil. Les domaines de Ti contenaient aussi des gazelles, des bouquetins, des antilopes ; et l'on voit des scribes qui dressent l'inventaire de tout cela. La pêche se fait au filet ou à la nasse. Une multitude de tombeaux représentent des scènes un peu moins variées peut-être ; mais sur l'un d'eux sont figurés des mariniers. Sauf peut-être la métallurgie et la taille des pierres fines, on ne voit pas que, dans les siècles suivants, même sous les grands règnes du nouvel empire, l'Égypte ait fait de grands progrès dans les arts industriels.

Le commerce intérieur était grandement facilité par le Nil ; mais, quant au commerce extérieur, il paraît ne s'être développé que fort tard en Égypte. Un établissement colonial maritime paraît avoir été tout au plus une rare exception dans son histoire. On connaît bien des tributs de différente sorte payés aux rois de ce pays par divers peuples d'Asie et d'Afrique, mais nulle part une mention expresse d'échanges commerciaux, jusqu'au temps où, sous la XXVIe dynastie, les Grecs vinrent en opérer, en acquérant des établissements dans la Basse-Égypte. C'est à partir de la conquête d'Alexandre que la grande Alexandrie, ville maritime fondée par lui dans ce pays, devint, pour des siècles, le plus grand entrepôt commercial du monde connu.

CHAPITRE V

L'ÉCRITURE ÉGYPTIENNE

La découverte de Champollion. — Depuis le temps de l'empire romain, le sens des *hiéroglyphes,* c'est-à-dire de la langue écrite de l'ancienne Égypte, dont les caractères étaient le dessin d'objets naturels ou artificiels : animaux, plantes, instruments, corps célestes, etc., avait été totalement oublié. Il en résultait que les faits historiques et les formules religieuses, exposés sur les monuments aux regards des voyageurs, étaient et restaient ignorés. On croyait connaître au moins le sommaire de cette histoire et de ces croyances par ce qu'en avaient dit les Grecs; mais en réalité eux-mêmes, historiens et philosophes, hors d'état de lire un seul mot des textes égyptiens, avaient transmis à l'Europe de graves erreurs. Tel était encore l'état des connaissances européennes à cet égard durant les vingt premières années du présent siècle, quand un homme de génie, un Français, Champollion le jeune, découvrit et livra au monde le secret de cette lecture.

Champollion eut pour cela deux instruments : la connaissance de la langue copte, qui est une transformation de l'ancienne langue égyptienne, à peu près aussi voisine d'elle que l'italien l'est du latin, et une longue inscription égyptienne avec sa traduction grecque, trouvée sur une pierre découverte par les Français pendant l'expédition d'Égypte, dans la ville maritime de Rosette, à l'embouchure de l'une des branches du Nil.

Elle avait été tracée sous un des successeurs d'Alexandre qui ont régné en Égypte, Ptolémée V; c'était une ordonnance rendue par les prêtres égyptiens sur les honneurs religieux à rendre au souverain alors régnant. Outre les hiéroglyphes et le grec, il y avait là une autre traduction en dialecte et en caractères *démotiques*, c'est-à-dire en caractères égyptiens très simplifiés pour l'usage populaire et courant (*démos* veut dire *peuple*, en grec). Ce mode d'écriture ne remontait qu'aux derniers temps de l'indépendance égyptienne[1]. Le texte grec de cette inscription de Rosette est à peu près intact. Le commencement du texte hiéroglyphique a au contraire disparu.

Nous verrons sommairement tout à l'heure comment l'éloge de Champollion, lu à l'Académie des inscriptions et belles-lettres par M. Silvestre de Sacy, a retracé l'histoire de cette découverte; mais auparavant disons en présence de quels préjugés ce grand homme se trouvait au moment d'aborder son entreprise.

*
* *

L'écriture hiéroglyphique. — On s'était figuré que l'écriture hiéroglyphique se composait uniquement de caractères symboliques ou représentatifs, quoiqu'un passage d'un savant grec chrétien, qui écrivait dans les derniers temps où cette écriture n'était pas tout à fait hors d'usage, y eût signalé expressément l'existence de caractères *phonétiques*, c'est-à-dire exprimant un son (*phonë*, voix, en grec).

En réalité, si les caractères *symboliques* et *figuratifs* y sont nombreux, ceux qui représentent des *lettres* constituent un alphabet complet, et ceux qui représentent des *syllabes* sont bien plus nombreux à eux seuls que tous les autres ensemble.

Dès la fin de la IIIe ou le commencement de la IVe dynastie, tous ces genres de caractères existaient, et, chose digne de remarque, tous les trois figurent habituellement dans une même inscription, une même ligne, et souvent dans un même mot. Très souvent, en effet,

---

1. Une simplification beaucoup plus voisine des hiéroglyphes et qu'on appelle *hiératique* remontait, au contraire, à des temps fort reculés.

TABLEAU DES HIÉROGLYPHES LES PLUS USITÉS

SIGNES IDÉOGRAPHIQUES				SIGNES PHONÉTIQUES	
Le soleil	⊙	Homme		a	
La lune		Femme		e, i	
Le monde		Enfant		o, ou	
La vie		Roi		b	
La vaillance		Reine		k	
Année		Dieu		t	
Mois		Ammon		r, l	
Nuit		Set		m	
Quadrupède		Thot		n	
Plante		Panégyrie		p	
Fleur		Approuver		s	
Métal		Action de force		ch	
Fluide		Verbe de mouvement		f, w	
Pierre de taille		Genre féminin		kh	
Habitation		Nombre pluriel	ꞁꞁꞁ	h	

après l'avoir écrit en caractères phonétiques, on y ajoute une figure qui ne se prononce pas là, mais qui indique à quelle classe d'objets ou d'actes appartient l'acte ou l'objet que le mot représente : chose fort importante dans une langue où les homonymes tiennent une place notable. C'est ce que les égyptologues appellent des *déterminatifs*.

Ainsi les *idéogrammes*, c'est-à-dire les caractères, tant figuratifs que symboliques, qui représentent une *idée*, loin d'être une cause d'embarras inextricable, sont une condition de clarté dans leur usage comme déterminatifs ; et il est facile d'en acquérir une connaissance suffisante, car ceux qui ne représentent pas simplement et directement l'objet lui-même ne sont pas bien nombreux.

La grande difficulté, c'est la connaissance des caractères syllabiques ; mais on en est venu à bout en remarquant que, dans l'usage, ils sont très souvent précédés *ou* suivis et plus souvent précédés *et* suivis par la consonne, ou, dans ce dernier cas, par les deux consonnes qui entrent dans la prononciation de la syllabe.

Quant aux caractères alphabétiques, ils sont la lettre initiale du nom de l'objet qu'ils représentent par le dessin, et ce nom a été souvent, sinon toujours, conservé dans la langue copte[1], qui est la langue liturgique des Égyptiens chrétiens. L'écriture copte est purement alphabétique ; elle est presque semblable à celle du grec.

** **

Champollion et l'écriture démotique. — Champollion possédait la langue copte, et il se figurait même qu'elle était tout à fait semblable à l'ancien égyptien. C'était une heureuse erreur, sans laquelle il se serait découragé peut-être ; elle l'a conduit à quelques fautes de

---

1. Ainsi l'A est souvent représenté par la figure d'un *aigle*, appelé *akhom* dans la langue du pays.

détail dans ses lectures, mais fautes insignifiantes en comparaison des résultats qu'il a obtenus, et qui d'ailleurs ont été rectifiées depuis par les progrès opérés dans la connaissance de la langue.

Champollion s'était d'abord attaché à la lecture du texte démotique, qu'il croyait être purement alphabétique. En le comparant, mot par mot, à la traduction grecque, il reconnut que beaucoup de ces mots se trouvaient répétés en des endroits qui correspondaient à des mots répétés aussi dans le grec. Il reconnut donc la valeur de groupes nombreux, sans en connaître directement la *prononciation ;* la traduction grecque lui permettait seulement de reconnaître le mot copte correspondant.

La multiplicité des signes démotiques lui démontra d'ailleurs, contrairement à son premier sentiment, qu'ils ne pouvaient pas, à beaucoup près, être tous alphabétiques. Il reconnut aussi des signes ou groupes qui établissaient des relations grammaticales entre les mots. Ce fut en 1822 que Champollion communiqua à l'Académie des inscriptions les premiers résultats obtenus par lui.

Champollion et les hiéroglyphes. — Quant aux hiéroglyphes proprement dits, il ne doutait pas qu'on trouvât là des signes représentant des objets ou des idées ; mais il jugeait aussi que les noms propres, au moins les noms étrangers, devaient être écrits en caractères alphabétiques. Or les noms des rois et des reines sont, en égyptien, entourés d'une espèce d'encadrement nommé *cartouche,* et par conséquent faciles à reconnaître. Il était donc loisible de comparer chacun d'eux avec un nom grec correspondant.

Le P, le T, le L, qui se trouvent à la fois dans les noms de Ptolémée et de Cléopâtre, furent ainsi déterminés ; ces lettres, éliminées des groupes, servirent à en faire connaître d'autres dans ces noms étrangers, ou même dans certains mots égyptiens, correspondant à des mots grecs et compris au moyen du copte. Champollion arriva ainsi assez promptement à reconnaître dix-neuf lettres.

Mais il ne tarda pas à aller beaucoup plus loin. « Dès 1824, dit M. Silvestre de Sacy, il osa assurer, que dis-je ? il prouva que les signes dont se compose l'écriture hiéroglyphique proprement dite sont de différentes natures, les uns peignant effectivement les objets, tandis que d'autres sont des symboles de convention, et qu'une troisième classe, destinée à un usage tout différent, peint aux yeux, par une application conventionnelle, les articulations et les sons de la langue parlée... A toutes les époques, les anciens Égyptiens l'employèrent pour représenter alphabétiquement[1] les sons de la langue qu'ils parlaient. » L'impression de cette découverte fut au premier instant si forte sur lui, qu'il pensa que toute l'écriture égyptienne était phonétique.

C'était une erreur sans doute, et il ne tarda pas à le reconnaître par l'étude de textes nombreux. Mais ce qui est vrai, c'est que la grande majorité des signes employés dans une page d'hiéroglyphes est phonétique, quoique tous soient réellement la figure de quelque objet.

*
* *

Un exemple de déchiffrement d'un texte hiéroglyphique. — Pour mieux faire comprendre les opérations nécessaires au déchiffrement des textes hiéroglyphiques, je vais en donner un exemple.

On lit, dans le cours d'une inscription de Séti Ier, les mots suivants :

SeROu-eN-A OuAOU-Ou.
(J'ai disposé des routes.)

S est représenté par la coupe d'un dossier de chaise ; c'est un caractère que l'on retrouve à chaque instant : une autre figure non moins fréquente du même caractère est celle du double verrou.

---

1. Et très largement aussi par l'usage des signes syllabiques.

R est la figure d'une bouche entr'ouverte ; bouche se dit *RO,* en égyptien.

La voyelle *e* est omise, ce qui est très fréquent.

Vient ensuite la figure d'une girafe, appelée *ser* en égyptien ; mais cela ne veut pas dire qu'on doit prononcér *serser.* Ce caractère syllabique peut s'employer seul ou avec les lettres de la syllabe ; seulement il est plus régulier, si elles sont reproduites toutes les deux, de le placer entre elles.

La voyelle *Ou* est représentée ici par une petite corde à demi déroulée ; l'homme portant la main à sa bouche indique qu'il s'agit d'une opération intellectuelle, à cause du rapport intime entre la pensée et la parole. Cette figure remplit donc ici le rôle de *déterminatif ;* c'est en même temps un exemple de ces caractères symboliques que l'on croyait autrefois former l'écriture hiéroglyphique tout entière.

N, représentant la syllabe *eN,* indique l'emploi du prétérit. C'est une ligne ondulée, qui doit se prononcer ainsi quand elle est seule ; mais quand il y en a trois, elle reprend sa valeur figurative de la surface de l'eau, que le vent fait *rider,* comme dit La Fontaine. On prononce alors *mou* (eau) ; ce groupe est quelquefois précédé de la consonne et de la voyelle.

A, pronom personnel sujet, est, suivant la grammaire égyptienne, placé après le verbe ; il est ici représenté, non par un caractère alphabétique, mais par une figure de roi, parce que c'est un roi qui parle ; ailleurs il le serait par la figure ordinaire de l'homme.

Voici maintenant pour l'autre mot :

OuA. C'est la figure d'un paquet noué : ici le caractère syllabique précède la syllabe, au lieu de suivre, comme tout à l'heure, les caractères alphabétiques.

A est ici, comme il arrive très souvent, représenté par un aigle.

Ou est représenté par une caille ; il est ici écrit deux fois, l'une pour achever le mot, l'autre pour désigner le pluriel.

Il y a ensuite deux déterminatifs. Le premier, c'est l'esquisse d'une route bordée d'arbres ; le second, c'est une paire de jambes en mouvement; ainsi l'un des déterminatifs est ici figuratif, et l'autre est symbolique.

Tout cela peut paraître aux commençants un procédé d'écriture terriblement embarrassé et d'une interprétation bien vacillante. Mais quand on possède un grand nombre de signes et le sens de beaucoup de mots, quand on s'est accoutumé à l'usage des déterminatifs, qui servent non seulement à fixer le sens de beaucoup de mots, mais en même temps à distinguer la fin de ceux-ci du commencement du mot suivant, on arrive à manœuvrer assez à l'aise.

*
* *

Est-on sûr de bien lire les hiéroglyphes? — Quant à la *certitude* de l'interprétation des phrases, un fait lèvera tous les doutes de ceux qui pourraient encore en avoir.

Il y a environ vingt-cinq ans, on découvrit à Canope, près d'Alexandrie, une autre inscription égyptienne et grecque, d'une étendue égale à celle de quelques pages d'impression ordinaire, et appartenant, comme celle de Rosette, au temps des successeurs d'Alexandre (Ptolémée III, pour celle de Canope).

Elle aussi contenait un décret des prêtres égyptiens rendu en l'honneur du roi; comme l'autre, elle énumérait les honneurs à rendre et les événements qui en avaient été l'occasion. Eh bien, en traduisant l'égyptien suivant les lois connues de la lecture et de la langue, telles que je viens de les exposer, sans y faire le plus léger changement, même dans le moindre détail, on trouva les mêmes idées et les mêmes faits, exposés dans le même ordre que les faisait connaître le grec.

Cette démonstration n'a rien ajouté à la conviction des égyptologues, parce qu'elle était complète par suite des textes clairs et suivis que l'on connaissait déjà. Mais pour ceux mêmes qui n'ont pas abordé la pratique ni les règles de cette étude, cette démonstration suffit pour qu'ils n'aient rien à demander de plus.

CHAPITRE VI

LETTRES ET ARTS

Poésie. — Nous avons vu au chapitre II (§ II) des expressions fort belles, appartenant à des compositions religieuses; mais là ne se borne pas ce que nous connaissons de la poésie égyptienne.

La poésie et la prose poétique aussi, car c'est le *style oratoire* que l'on reconnaît dans l'éloge d'un grand personnage nommé Antef, gouverneur d'Abydos, qui vivait au temps du moyen empire. Voici, tels que les a donnés M. de Rougé, dans sa *Notice sur les monuments égyptiens du Louvre* (salle basse), quelques passages de ce morceau, qu'il a traduit à peu près en entier.

« Quand il entre, il est acclamé; quand il sort, il est loué. C'est lui qui place chacun sur le trône de son père (voy. chap. III). Contentant les cœurs, bon parmi les bons, les princes se tiennent attentifs à sa bouche; il donne les entrées au palais... Il connaît la délibération du cœur du souverain; il est la langue de l'habitant du palais, les yeux du roi, le cœur du seigneur de la maison des doctrines pour le pays tout entier (Haute et Basse-Égypte)... Il repousse le bras du malfaiteur, il emploie la violence contre les violents; il est maître de son cœur vis-à-vis de ceux qui sont maîtres de leurs cœurs. Il abaisse l'épaule de l'orgueilleux, il annule l'heure du cruel. Il soumet le séditieux aux règles des lois... Recherchant le droit, il applique son cœur à écouter les requêtes. Il rend justice au pauvre, il est sévère pour le frauduleux... C'est le père du faible, le soutien de celui qui n'a plus de mère... Les affligés deviennent joyeux quand ils sont connus de lui. »

Mais c'est au temps de la XVIIIe et de la XIXe dynastie que la poésie égyptienne paraît avoir atteint sa plus grande hauteur. Nous l'avons vu pour les hymnes; nous allons le voir encore pour d'autres compositions. Citons d'abord quelques lignes de celle qui célèbre les victoires de Thoutmès III. C'est le dieu Amon-Ra qui prend la parole :

« Viens à moi et sois réjoui en contemplant ma grâce, ô mon vengeur, Ra-Men-Kheper[1], vivant à toujours! Je resplendis par tes vœux; mon cœur se dilate à ta bienvenue dans mon temple... C'est moi qui fais que tes esprits et ta crainte sont sur tous les pays, et que la terreur s'étend jusqu'aux quatre supports du ciel... J'accorde que tes cris de guerre pénètrent au milieu des barbares, et que les rois de toutes les nations soient réunis sous ta main; moi-même j'étends mes bras.

« Je suis venu, et je t'accorde de frapper les princes de Tahi (Phénicie); je les précipite sous tes pieds quand tu traverses leurs contrées. Je leur ai fait voir ta majesté, tel qu'un seigneur de lumière; tu resplendis sur eux comme mon image.

« Je suis venu, et je t'accorde de frapper les habitants de l'Asie, de réduire en captivité les chefs du pays des Rotennou (Syrie)...

« Je suis venu, et je t'accorde de frapper le pays de l'Ouest. Kefa et Asi sont sous la terreur. Je leur ai fait voir ta majesté, tel qu'un taureau jeune et courageux; il est orné de cornes et rien ne lui résiste...

« Je suis venu, et je t'accorde de frapper ceux qui sont dans les îles; les habitants de la mer sont sous la terreur de tes cris de guerre. Je leur ai fait voir ta majesté, tel qu'un vengeur qui s'élève sur le dos de sa victime. » Etc.

1. Surnom officiel de Thoutmès III.

*
* *

Plus connu et d'un caractère non moins littéraire est le poème de Pentaour sur une campagne que Ramsès II (Sésostris) a faite en Syrie dans sa jeunesse, campagne dont nous avons aussi un récit en prose, qui réduit à des proportions admissibles ce que le poème a de trop invraisemblable. Comparer l'œuvre de Pentaour à l'*Iliade* d'Homère serait une exagération extravagante : ni pour l'étendue ni pour la variété, il ne peut en être rapproché. Mais la comparaison serait possible avec *un* des chants de l'*Iliade* pris à part, et elle ne serait pas écrasante pour Pentaour. Voici quelques passages des plus remarquables.

On vient d'annoncer au roi qu'un corps d'Égyptiens a reculé, surpris par une brusque attaque.

« Voici que Sa Majesté se leva comme son père Month[1] ; il saisit ses armes et revêtit sa cuirasse, comme Baar[2] à son heure... Le roi, s'étant élancé, pénétra au milieu des rangs de ces Khétas[3] pervers. Il était seul de sa personne, aucun autre avec lui ; s'étant ainsi avancé à la vue de ceux qui étaient derrière lui, il se trouva enveloppé par deux mille cinq cents chars... Chacun de leurs chars portait trois hommes. Aucun prince n'était avec moi ! aucun général, aucun officier des archers ou des chars. Mes soldats m'ont abandonné ; mes cavaliers[4] ont fui devant eux[5], et pas un n'est resté pour combattre auprès de moi.

« Alors Sa Majesté dit : « Qui es-tu donc, ô mon père « Ammon ? Est-ce qu'un père oublie son fils ? ai-je donc « fait quelque chose sans toi ? n'ai-je pas marché et ne

1. Dieu guerrier.
2. Un des noms de Set à cette époque.
3. C'était alors le peuple le plus puissant de l'Asie occidentale.
4. C'est-à-dire mes hommes montés sur des chars.
5. C'est-à-dire devant les ennemis.

« me suis-je pas arrêté sur ta parole ? Je n'ai point violé
« tes ordres... Des vaisseaux naviguent pour toi sur la
« mer ; ils t'apportent les tributs des nations.

« Je t'invoque, ô mon père Ammon ! me voici seul au
« milieu de peuples nombreux et inconnus de moi[1] ;
« toutes les nations se sont réunies contre moi, et je
« suis seul de ma personne, aucun autre avec moi. Mes
« nombreux soldats m'ont abandonné, aucun de mes
« cavaliers n'est demeuré, et, quand je les appelais, pas
« un d'entre eux n'a écouté ma voix. Mais je pense qu'Am-
« mon vaut mieux pour moi qu'un million de soldats...
« L'œuvre des hommes nombreux n'est rien : Ammon
« l'emportera sur eux. »

« La voix a retenti jusqu'à Hermonthis, Ammon vient
à mon invocation, il me donne sa main, je pousse un cri
de joie, il parle derrière moi : « J'accours à toi, ô Ram-
« sès Meriamon ! Je suis avec toi. C'est moi, ton père ;
« ma main est avec toi, et je vaux mieux pour toi que
« des centaines de mille. Je suis le seigneur de la force,
« aimant la vaillance ; j'ai trouvé un cœur courageux, et
« je suis satisfait. Ma volonté s'accomplira. Pareil à
« Month, de la droite je lance mes flèches, de la gauche
« je bouleverse les ennemis... Le cœur manque dans
« leur poitrine, et la peur énerve leurs membres. Ils ne
« savent plus lancer leurs traits et ne trouvent pas de
« force pour tenir leurs lances. Je les précipite dans les
« eaux[2], comme y tombe le crocodile ; ils sont couchés
« sur leur face, l'un sur l'autre, et je tue au milieu d'eux...
« Celui qui tombe ne se relèvera pas. »

Et après avoir résumé une manœuvre commandée
par le chef ennemi épouvanté, Ramsès continue :

« Je me précipitai sur eux, pareil à Month ; ma main
les a dévorés dans l'espace d'un instant ; je tuais et je
massacrais au milieu d'eux. Ils se disaient l'un à l'autre :
« Ce n'est pas un homme qui est au milieu de nous, c'est

1. Il sont énumérés dans une autre partie du poème ; il en était
venu jusque de la Troade.
2. Du fleuve Oronte, près duquel a lieu la bataille.

« le grand guerrier, c'est Baar Soutekh[1] en personne...
Hâtons-nous, fuyons devant lui. »

Le poème se termine par les reproches du roi à ses
troupes et par son retour triomphal en Égypte. L'auteur nous dit que la bataille avait eu lieu la cinquième
année du règne, et qu'il a composé son œuvre dans la
septième. Ce n'est donc pas une tradition populaire
qui avait ainsi remanié les événements, c'est l'imagination du lettré.

*
* *

Prose. — Comme œuvres de prose, on peut citer quelques passages de celles que M. Maspero a traduites dans
sa thèse *du Style épistolaire chez les anciens Égyptiens;*
on y trouve souvent des tableaux de mœurs, et aussi
des traits qui peuvent paraître satiriques.

« On me dit, écrit un maître à son disciple, que tu aban-
donnes les lettres, que tu te livres aux plaisirs. Tourne
ta face aux travaux des champs, et tu reviendras aux
écritures. Ne t'es-tu pas, en effet, représenté la condition
du cultivateur ?... Les sauterelles s'abattent, les bestiaux
dévorent, les oisillons pillent... l'attelage se tue à tirer
la charrue. Le scribe de la douane est sur le quai à re-
cueillir la dîme des moissons; les gardiens des portes
avec leurs bâtons, les nègres avec leurs lattes de palmier
(crient) : « Çà, des grains ! » S'il n'y en a pas, ils le jettent à terre tout de son long ; lié, traîné au canal, il y est
plongé la tête la première. Tandis que sa femme est en-
chaînée devant lui et que ses enfants sont garrottés, ses
voisins les abandonnent et se sauvent pour veiller à leurs
récoltes. Le scribe, lui, prime tous les autres. »

Puis vient la peinture, aussi peu engageante que possible, des misères d'un officier; ailleurs des fatigues ac-
cablantes de l'ouvrier industriel des divers états.

---

1. Le grand dieu des Khétas.

Ailleurs encore ce tableau de la clientèle : « Si tu marches à la suite d'un grand, tu feras ton chemin comme homme riche ; si tu entres quand le maître de la maison est dans sa maison, et que les bras d'un autre ne soient pas devant toi, assieds-toi, la main à la bouche, comme celui qui implore quelque chose pour soi. »

* * *

Architecture : les pyramides. — L'architecture égyptienne, aux temps de l'ancien empire, nous est presque uniquement connue par des monuments funéraires. Un seul temple actuellement existant a survécu à l'invasion et à la domination des Hyksos ; c'est un édifice très simple et de petites dimensions, que l'on trouve auprès des grandes pyramides.

Mais les monuments funéraires étaient, en un sens, des édifices religieux, puisqu'ils étaient le théâtre de certains rites[1].

Il en est, parmi ces tombeaux, qui sont au nombre des œuvres les plus étonnantes que l'architecture d'aucun peuple ait jamais produites ; je veux parler des trois grandes pyramides de Gizeh, près de l'ancienne Memphis, sépultures de trois souverains de la IVe dynastie, Khoufou, Khafra, Menkeraou, que les Grecs ont appelés Khéops, Khéfren, Mykérinos.

La pyramide de Khéops, la plus grande de toutes, se compose encore de plus de deux cents assises ou couches de pierres, et, malgré la chute des deux ou trois dernières, elle mesure encore une hauteur de près de 140 mètres ; et sa largeur à la base est bien plus considérable. Pour soulager du poids immense que devait porter la chambre destinée au sarcophage royal, on a ménagé au-dessus, dans la masse du monument, des vides formant quatre chambres au moins, aujourd'hui connues.

1. Voir plus haut, chapitre II.

Les pyramides de Gizeh et le grand Sphinx.

La pyramide, construite en pierres calcaires, était revêtue extérieurement de granit de Syène, dont on trouve des fragments en fouillant autour de la base.

Dans la pyramide de Mykérinos, la pièce qui contenait le tombeau du roi était entièrement construite en granit. On n'en trouve pas dans le voisinage ; il avait fallu l'apporter, sur des radeaux ou des bateaux, du pays où le Nil forme la plus septentrionale de ses cataractes, c'est-à-dire de la frontière entre l'Égypte et la Nubie.

*
* *

Monuments funéraires divers.— Mais il ne faut pas croire que ce soient là les seuls princes égyptiens qui aient eu des pyramides pour tombeaux. On connaît aujourd'hui une soixantaine de ces monuments, tous ou presque tous situés dans l'Égypte moyenne. De plus, les sépultures des grandes familles étaient décorées extérieurement de *mastabas*, c'est-à-dire de chapelles funéraires, ainsi nommées en arabe, langue qui est maintenant parlée dans toute l'Égypte [1] ; un puits ou une galerie inclinée conduisait à la salle de la sépulture proprement dite, ou plutôt y conduit encore, car un grand nombre de ces monuments ont été conservés. Quelquefois on y trouve plusieurs chambres, communiquant par des couloirs et décorées de bas-reliefs coloriés.

A Beni Hassan, dans l'Égypte Moyenne, on connaît des sépultures creusées dans le roc et appartenant au moyen empire. L'architecture de cette époque reste solide, mais acquiert une remarquable élégance ; le pilier massif se transforme alors généralement en colonne à 8 ou même à 16 facettes, et on la décore de la représen-

1. Les façades extérieures des murs sont sensiblement inclinées vers le sommet ; les piliers carrés qui en décorent l'entrée n'ont point le caractère de colonnes proprement dites ; dans un seul tombeau, ils sont décorés de fleurs de lotus sculptées.

Grottes sépulcrales de Beni Hassan.

tation de boutons de lotus. On commence alors à y trouver des bases, et aussi des chapiteaux (décorations de la partie supérieure) formant un faisceau de ces boutons. Le plafond de la sépulture est tantôt plat, tantôt légèrement concave. Plafonds et colonnes sont peints.

Sous le nouvel empire, tout en maintenant le double modèle de colonnes à facettes et de colonnes proprement dites, on s'attache plus résolument à l'élégance ; la base reste la même, mais on trouve là le chapiteau évasé ; le pilier subsiste encore ; mais on y accole parfois une statue d'Osiris, qui en occupe toute la hauteur. Ces colonnes sont décorées de tableaux, tant religieux qu'historiques.

*
* *

Temples. — Arrivés à cette époque, nous avons à étudier de grands monuments élevés au-dessus du sol.

Ce n'est pas que les tombeaux souterrains des rois soient moins vastes et moins richement décorés que dans les siècles précédents. On en trouve spécialement de la XXe dynastie, avec des successions de galeries et de salles ; l'étendue de la sépulture dépend de la longueur du règne. Dès le début de celui-ci, paraît-il, on commençait à la creuser pour le monarque régnant ; sa mort et ses funérailles mettaient fin au développement des travaux.

C'est à cette époque qu'on y remarque certaines décorations astronomiques. Parmi les sépultures, on en trouve qui sont précédées d'avenues à ciel ouvert.

Quelques temples furent creusés dans le roc, mais ce ne sont, en général, que des grottes de petite dimension, et c'est ailleurs qu'il faut chercher les grandes manifestations de l'art religieux égyptien, qui s'éleva si haut aux temps de la XVIIIe et de la XIXe dynastie.

L'espace sacré dépendant d'un temple, et où s'accomplissaient certaines cérémonies, était entouré d'un

Pylone et cour intérieure du temple de Karnac, avec les colonnes de Psamétik.

mur, qui parfois enveloppait même un groupe de plusieurs temples et les enceintes particulières de ceux-ci. Une avenue de sphinx [1] ou de béliers partait de l'entrée de l'enceinte, dans laquelle on pénétrait par un *pylône* ou porte monumentale, flanquée de deux massifs de maçonnerie à parois inclinées vers le haut. Cette avenue conduisait au temple lui-même ; mais une semblable décoration pouvait aussi relier un temple à un autre temple. Un pylône plus simple précédait l'entrée de l'édifice proprement dit.

Celui-ci fut, dans les derniers temps, c'est-à-dire après la conquête d'Alexandre, précédé d'un vestibule ; mais, dans les temps anciens, il fut divisé lui-même en plusieurs parties : la *salle du lever*, toujours hypostyle (soutenue par des colonnes) et le *vestibule central*, assez souvent séparés par une *salle des offrandes*; à droite et à gauche de la première se trouvaient des pièces plus petites, où l'on déposait le matériel des cérémonies.

Il n'était permis qu'aux prêtres et aux rois de pénétrer au delà du vestibule central, dans le sanctuaire du temple, sanctuaire souvent divisé en trois sections, quand le temple était dédié à une famille de dieux : père, mère et fils. C'était la partie essentielle du temple, celle par laquelle on en commençait la construction, celle qui répondait à sa destination essentielle.

Pour les Égyptiens, pas plus qu'il ne le fut pour les Grecs, le temple n'était point un lieu de prières ; pour les uns comme pour les autres, c'était la résidence du dieu, ce qu'on pouvait appeler son habitation.

Notons enfin que les différentes parties du temple croissaient en largeur et en hauteur à mesure qu'on s'éloignait du sanctuaire [2]. N'oublions pas non plus les *obélis-*

---

1. C'est-à-dire de figures de lions à tête humaine. Ces sphinx, qui n'avaient rien de commun, pour la signification, avec la célèbre figure de la mythologie grecque, représentaient souvent des rois.

2. Pour tout ceci, voyez de Merval, *Études sur l'architecture égyptienne*, p. 222-238 ; de Rochemonteix, *le Temple égyptien*, p. 5-16 ; et Pierret, *Dictionnaire d'archéologie égyptienne*, p. 461-466, 523, 540-542.

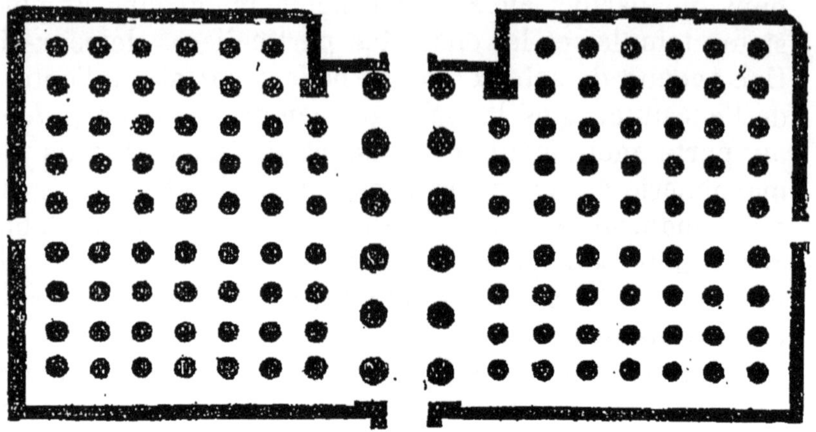

Plan de la salle hypostyle de Karnac.

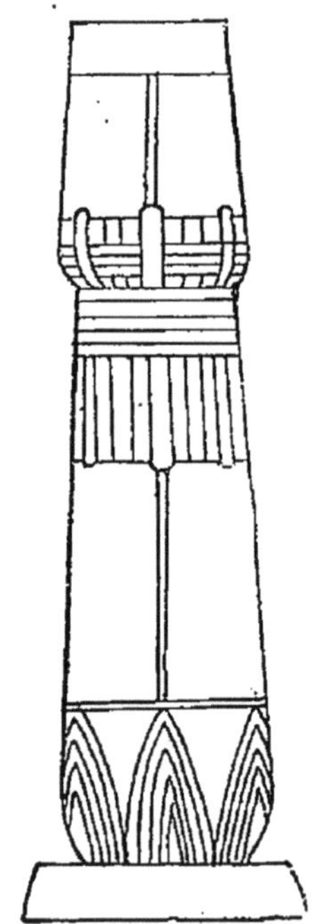

Colonne des quinconces.

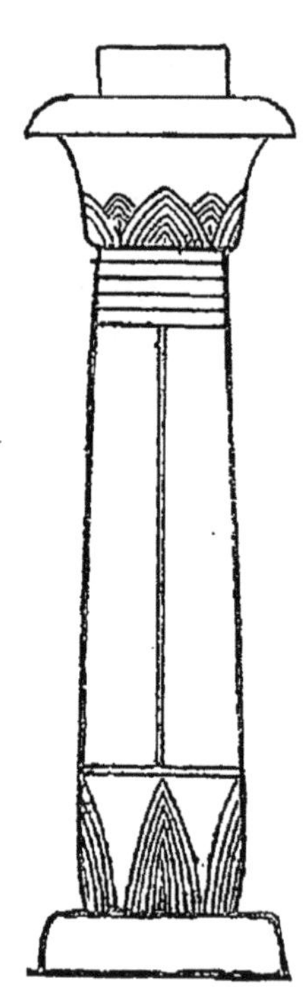

Colonne de l'avenue centrale.

Colonnes de la salle hypostyle de Karnac.

ques, placés deux par deux à l'entrée de certains temples.

Le plus magnifique de ces édifices (il subsiste encore à peu près intact, au moins la partie la plus belle), c'est celui qui porte le nom du village de Karnac; il est compris dans l'emplacement de l'ancienne Thèbes, jadis la principale ville de la Haute-Égypte. L'enceinte consacrée, nous apprend M. Lepsius, dans une de ses *Lettres d'Égypte et de Nubie* (en allemand), s'étend sur une longueur de 1,170 pieds allemands, sans les lignes de sphinx qui s'étendent devant le pylône extérieur et sans le temple élevé sur le même axe, derrière le mur extérieur du premier, de sorte que la longueur totale est de près de 2,000 pieds.

« L'imagination, dit Champollion, qui, en Europe, s'élance bien au-dessus de nos portiques, s'arrête et tombe impuissante au pied des 140 colonnes de la salle (hypostyle) de Karnac... Je me garderai bien de rien décrire; car ou mes expressions ne vaudraient pas la millième partie de ce qu'on doit dire en parlant de tels objets, ou bien, si j'en traçais une faible esquisse, même très décolorée, je passerais pour un enthousiaste, et peut-être même pour un fou[1]. »

« Imaginez, dit à son tour J.-J. Ampère, après avoir cité ce passage, imaginez une forêt de tours ; représentez-vous 130 colonnes égales en grosseur à la colonne de la place Vendôme, dont les plus hautes ont 70 pieds, et 11 pieds de diamètre, couvertes de bas-reliefs et d'hiéroglyphes ; les chapiteaux ont 65 pieds de circonférence ; la salle a 319 pieds de longueur et plus de 150 de large. »

*
* *

· **Le Labyrinthe.** — Quant aux palais des Pharaons, on n'est pas certain d'avoir, même à Thèbes, de cons-

---

1. Disons plus encore : Quand notre expédition d'Égypte pénétra jusqu'à ce monument, les simples soldats battirent des mains.

tructions ou même de vestiges qui leur appartiennent; mais on a, dans Hérodote, une description sommaire du fameux Labyrinthe, œuvre d'un roi de la XIIe dynastie. C'est, dit cet ancien écrivain, qui a visité l'Égypte un siècle avant Alexandre, « une construction qui dépasse les pyramides. Elle comprend douze grandes salles couvertes, tournées vis-à-vis l'une de l'autre, six au nord et six au midi, se suivant sans interruption; une enceinte extérieure les enveloppe. Les doubles chambres forment une série : les unes sous terre, les autres au grand jour; elles sont au nombre de 3,000, dont 1,500 souterraines.

« Nous avons vu et parcouru celles qui sont au-dessus du sol; nous nous sommes informé des autres, car les surveillants égyptiens n'ont jamais voulu nous les montrer, disant qu'elles contiennent les cercueils des rois auteurs du Labyrinthe, et des crocodiles sacrés... Les escaliers qui pénètrent dans les combles, les passages, variés de direction et de forme, qui permettent de passer des cours dans les appartements, des appartements dans les vestibules, des vestibules dans les combles et des appartements dans d'autres salles, émerveillent à chaque instant.

« La couverture est en pierre aussi bien que les murs; ceux-ci sont couverts de sculptures; toutes les salles sont environnées de colonnes en pierres blanches, parfaitement jointes pour la plupart. » La tradition a fait du Labyrinthe, ainsi que de la grande pyramide, une des sept merveilles du monde.

*
* *

Sculpture. — La sculpture, en Égypte, était surtout employée comme décoration des édifices, c'est-à-dire que la statuaire n'y a occupé qu'une place très secondaire, par comparaison avec les bas-reliefs qui décoraient les murs et les colonnes des temples. Mais, chose re-

Statue du roi Schafra. (Musée de Boulaq.)

marquable, l'ancien empire nous a laissé quelques statues très supérieures à celles des temps qui ont suivi.

« L'art, à ce moment, dit M. de Merval, jouit d'une certaine liberté d'allures que la convention hiératique fera disparaître plus tard[1]. Quelques échantillons sont même si loin de la raideur habituelle des statues égyptiennes, qu'un œil peu exercé pourrait se tromper sur leur origine. » La statue en pierre du roi Khafra (IVe dynastie), trouvée non loin de sa pyramide, est bien près d'être un chef-d'œuvre, et il en est de même, quant à la réalité de la vie qu'elles expriment, de certaines statuettes de particuliers appartenant au temps de la Ve dynastie.

M. Lenormant dit, en parlant de la statue d'un prêtre de Memphis, qui est de cette époque : « Elle est entièrement peinte, et les couleurs qui la revêtent ont conservé, au travers des siècles, une incroyable fraîcheur... C'est une sculpture préoccupée avant tout de rendre exactement la vie et la réalité de la nature, en étudiant avec amour les moindres détails, tandis que l'art égyptien, tel qu'on le connaît ordinairement, c'est-à-dire l'art des époques postérieures, se préoccupe principalement des grandes masses, des lignes générales, de l'ensemble et du rythme symbolique des attitudes... Le corps présente, avec une étonnante vérité, mais sans aucune recherche d'idéal, les caractères essentiels du type de race qu'offrent encore aujourd'hui les fellahs, descendants directs des anciens habitants de l'Égypte. »

Et un peu plus loin, en parlant de la statue de bois de Ra-em-Ké, qui fut, sous la même dynastie, gouverneur de province : « Le modèle du torse est une merveille ; c'est celui d'un homme qui engraisse en vieillissant... Mais c'est surtout la tête qu'on ne saurait se lasser d'admirer ; c'est un prodige de vie. La bouche, animée par un léger sourire, semble au moment de parler ; les yeux ont ce même regard que l'on observe déjà dans le *Scribe*

---

1. Nous verrons tout à l'heure dans quelle mesure et dans quel sens.

Statue en bois de Ra-em-Ke. (Musée de Boulaq.)

du Louvre. Ils sont incrustés par le même procédé que dans cette dernière figure. Une enveloppe de bronze, qui représente les paupières, enchâsse l'œil proprement dit, formé d'un morceau de quartz blanc opaque, avec quelques légères veines roses, au centre duquel un morceau rond de cristal de roche, à la surface un peu bombée, représente la prunelle... La tête de Ra-em-Ké n'a rien d'aristocratique; l'expression n'en dénote pas une âme énergique, mais une faculté de travail persistante, une intelligence développée... C'est bien la tête d'un administrateur sorti de la classe moyenne, qui *a fait son chemin dans les bureaux.* » (Pour se rendre compte de la convenance d'une telle expression au temps des pyramides, qu'on se reporte au chapitre III de ce premier livre.)

*
* *

Les cinq périodes de la sculpture égyptienne. — M. de Rougé reconnaît dans la sculpture égyptienne cinq périodes bien distinctes. Au temps de l'ancien empire, si la figure est vivante, l'attitude est raide et le corps est trapu. Dans la belle époque du moyen empire, la seule bien connue de cette période, c'est-à-dire sous la XIIe dynastie, les muscles des jambes sont encore fort bien indiqués, mais la taille est plus élancée. Sous la XVIIIe dynastie, la première du nouvel empire, le visage devient plus gracieux, mais l'apparence de vigueur est moindre; de plus, les qualités éminentes de cette école ne furent pas de très longue durée : la décadence se produit déjà dans certaines œuvres de la XIXe dynastie. « Les statues de l'école saïte (XXVIe dynastie) ont au contraire reconquis la finesse et le naturel. Le basalte égyptien, d'un grain si fin, fournit aux Saïtes une matière de prédilection, et sa dureté semble n'avoir été qu'un jeu pour ces puissants artistes. » On a conservé peu de statues du temps des rois macédoniens d'Égypte; et l'on a remarqué, dans une tête royale de ce temps, l'influence de l'art grec. Les statues colossales isolées sont fort rares dans l'art égyptien.

*
* *

Peinture. — Quant à la peinture, elle n'a jamais fait de véritables progrès en Égypte. L'emploi exclusif des teintes plates, c'est-à-dire sans distinction de la lumière et des ombres, et l'ignorance de la perspective s'y opposaient absolument. Cependant, dit M. Pierret, « ces défauts étaient compensés par la verve et l'esprit de la composition ; les scènes de la vie privée, les scènes de batailles, dont ils peuplaient les panneaux des tombes et des temples, sont animés d'un souffle que n'arrêtent jamais les difficultés de l'exécution. Pour ces curieux artistes, la pensée était tout ; la forme n'était que chose secondaire. Ils n'avaient qu'un but : se faire comprendre. Quant à la peinture décorative, elle s'étendit, sous le nouvel empire, aux façades entières des monuments. »

Mais, je le répète, la sculpture et aussi la peinture furent principalement considérées en Égypte comme des accessoires de l'architecture, soit funéraire soit religieuse, et M. de Rochemonteix nous en a très largement représenté l'emploi. Voici quelques-uns des passages les plus remarquables de ce qu'il en dit dans son *Temple égyptien :*

« La décoration des murailles de la demeure des dieux avait, en Égypte, une importance de premier ordre. Tout était couvert d'inscriptions, de tableaux, d'emblèmes, rehaussés d'or et de couleurs vives, avec une profusion qui déroute l'imagination ; les parois, les corniches, les colonnes, tout était sculpté, enluminé. Sur les grands pylônes on apercevait de loin la figure gigantesque des dieux... Dans les cours, sur les murs extérieurs, les inscriptions et les tableaux composaient une magnifique dédicace du monument... Aux époques de conquêtes, les tableaux étalaient aux yeux la pompe triomphale du roi inaugurant son temple, les épisodes de victoires gigantesques, homériques, les déroutes des ennemis, les massacres, les amoncellements de mains et de membres coupés aux morts, les sacrifices de prisonniers offerts comme premières victimes par le roi lui-même[1], les trésors présentés en hommage au dieu. » Sous les rois macédoniens, les tableaux sont plutôt relatifs au culte.

« Dans la salle hypostyle, à toute époque, la décoration des parois devient exclusivement religieuse ; elle n'en est pas moins variée... Le *soubassement*, tout comme notre terre, porte des fleurs, des plantes, des bestiaux circulant au milieu des papyrus, ou encore des Nils, canaux, lacs, pays étrangers, nomes, villes, cantons, domaines, apportant les prémices du sol... Le champ des *parois* figure les espaces célestes ; dans le registre des tableaux voisin du soubassement, le dieu est représenté en marche, faisant une partie du chemin au-devant de son adorateur ; dans les registres plus élevés, il est assis au milieu de son auguste demeure... Le *plafond*, rappelant la voûte où brillent les astres, est constellé d'étoiles ou orné de personnages astronomiques. » Il y a d'ailleurs une variété de sujets correspondant à la destination de diverses parties de l'édifice.

« Sur les murs extérieurs des temples, dans les péristyles, le sculpteur a traité les grandes compositions de batailles, les épisodes des campagnes glorieuses[2], avec une liberté, une verve, un réalisme qui répudient toute tradition d'école... Mais dès qu'il se trouve à l'intérieur du temple, alors il fait abstraction de sa personnalité : il n'est plus qu'un praticien... Toutes les figures sont... de même hauteur et rangées méthodiquement en ligne, comme les caractères d'une écriture colossale... C'est qu'en effet il ne s'agit pas ici de flatter l'œil par des représentations artistiques... Avant tout il faut donner

1. L'indifférence des artistes égyptiens pour la perspective leur faisait accepter l'usage des bas-reliefs pour des sujets aussi compliqués.

1. Il y a quelque lieu de penser que ces sacrifices humains offerts par le roi sont plutôt des figures symboliques que des réalités historiques.

asile aux âmes des dieux dans leurs formes matérielles, qui ont une signification déterminée. »

*
* *

On comprend à cette heure ce qu'il y a de vrai et ce qu'il y a de faux dans la tradition relative à l'immobilité de l'art égyptien. On a pu comprendre aussi, d'après le second chapitre de ce travail, ce qu'il y a de vrai et de faux dans l'opinion des anciens sur la permanence de la religion égyptienne, sans même compter l'introduction, rare il est vrai, de cultes étrangers ; et le troisième chapitre a précisé la réalité des faits au sujet des castes égyptiennes.

En fait, les Grecs qui ont parlé de ces choses ont peu et mal connu l'ancienne Égypte, malgré les relations qu'ils eurent avec elle à partir du VIIe siècle. C'est à Champollion et à ses héritiers que la science actuelle doit de pouvoir, pour la première fois, se faire une idée juste et sûre de la civilisation comme de l'histoire de ce pays. Parmi ces héritiers, il en est un que je tiens à nommer en première ligne, M. Emmanuel de Rougé, mon ancien maître, qui, déjà il y a quarante-six ans, a imprimé à ces études, ralenties alors depuis la mort de Champollion, une impulsion si puissante qu'on a pu dire, quoique avec une exagération incontestable touchant l'étendue de la lacune que laissait à remplir l'auteur de la découverte : « Champollion nous a appris à lire les textes égyptiens, et M. de Rougé nous a appris à les comprendre. »

LIVRE II

LES PHÉNICIENS

CHAPITRE PREMIER

LE GOUVERNEMENT

Les sources. — Nous connaissons peu de détails sur le gouvernement des populations phéniciennes. Aucune histoire de ce pays, écrite dans l'antiquité, ne nous est parvenue ; nous en sommes réduits à des indications rapides et dispersées chez divers écrivains, et aussi à des renseignements peu nombreux, mais du moins précis, conservés à la postérité par Aristote et par les historiens de Rome sur le gouvernement de Carthage, colonie des Phéniciens, et qui en avait conservé la langue et les mœurs. Ce que nous en savons s'accorde généralement avec ce que nous savons de la Phénicie elle-même, si ce n'est qu'il n'y avait pas à Carthage de pouvoir exécutif héréditaire. On peut donc conclure de l'un de ces pays à l'autre avec une certaine assurance. Mais il est entendu que nous devons ici nous borner à des traits généraux[1].

***

Sidon, Tyr et Aradus. — Avant tout, il faut distinguer la région du centre, autant syrienne que phénicienne, de la

1. Je me servirai surtout du travail de l'érudit allemand Movers, dans le second volume de ses *Phœnizier* ; mais on doit se tenir en garde contre la facilité trop grande avec laquelle il attribue aux Phéniciens les coutumes de peuples voisins.

région du sud, avec une extension au nord. Celle-ci avait trois villes principales : Sidon, Tyr et Arad (l'Aradus des Romains), toutes trois fort anciennes, dont Sidon était la plus antique métropole, en sorte que, quand Tyr occupa le premier rang par son importance, on continua, pendant quelque temps du moins, à donner à la nation entière le nom de Sidoniens. Il y eut, du reste, des alternatives de supériorité entre ces deux villes.

Chacune des trois avait un roi, et chacune aussi (au moins Tyr) un second roi, c'est-à-dire un grand prêtre, dont les prédécesseurs avaient eu jadis une souveraineté distincte dans le district où était situé le temple principal; pour Tyr, c'était l'ile, distincte de la cité, qui, pendant longtemps, s'éleva sur le continent en face.

Ces différentes cités, avec les villes plus nombreuses qui étaient leurs sujettes, formaient une confédération et se comportèrent généralement comme un seul peuple dans leurs relations avec d'autres États. Cependant on cite telle circonstance où, par suite peut-être de l'autorité trop impérieuse exercée ou usurpée par une d'entre elles (comme il arriva certainement pour Carthage), on vit les villes subordonnées faire cause commune avec l'envahisseur étranger.

Tripoli. — A une époque que l'on ne saurait préciser, la confédération s'organisa d'une façon régulière et permanente par la formation d'un conseil suprême, destiné sans doute à la fois à régler les intérêts communs et à prévenir ou à calmer les conflits entre les cités. Ce conseil se réunissait dans une ville que les Grecs ont appelée Tripolis (la triple ville), nom qu'elle conserve encore aujourd'hui. Elle avait été formée par une triple colonie de Sidon, de Tyr et d'Aradus, chacune de celles-ci ayant fondé un quartier distinct, séparé des autres par un petit intervalle. La composition de ce conseil fédéral est un des faits qui nous permettent de pénétrer quelque peu dans le gouvernement des grandes villes phéniciennes.

Chacune d'elles, en effet, y députait son roi et un

groupe de cent sénateurs. En Phénicie, il y eut des rois, et des rois héréditaires, jusqu'à la conquête d'Alexandre ; mais chacun d'eux n'était pas le pouvoir unique dans sa cité : les familles nobles formaient une grande puissance dans l'État[1]. Quant au peuple, c'est-à-dire aux Phéniciens d'une classe inférieure, peut-être aussi aux anciens habitants du pays, ou à ces deux éléments ensemble, il n'est pas possible de reconnaître ce que pouvaient être ses attributions politiques, ni même s'il en avait, au temps de la Phénicie indépendante[2]. Mais il est probable qu'il n'en fut pas toujours dépourvu, car il en avait à Carthage ; et, lorsque la langue grecque eut pénétré en Phénicie avec la domination macédonienne, on distingua, dans les actes des pouvoirs municipaux, les archontes (représentant les anciens rois), les sénateurs et le peuple. Movers a remarqué d'ailleurs que les rivalités inévitables entre les grandes familles, les émigrations de beaucoup de leurs membres pour la fondation des colonies, et l'intérêt que les rois avaient à affaiblir le corps de la noblesse, rival de leur propre puissance, furent sans doute des causes de formation ou d'accroissement pour un pouvoir populaire. Ajoutons enfin que, dans une population forcément attachée à l'industrie et au commerce, et où tels étaient les moyens presque uniques de s'enrichir ; là où les domaines ruraux, resserrés entre les montagnes et la mer, ne pouvaient avoir une bien grande étendue, la distinction des classes ne pouvait être aussi profonde que dans les pays d'aristocratie militaire et territoriale.

1. Les grandes familles se rattachaient peut-être ou prétendaient se rattacher à des branches des familles royales. Movers pense qu'elles partageaient la totalité des domaines ruraux avec les rois et les temples.

2. Ces classes inférieures étaient, selon le même savant, assujetties à un fermage pour les terres qu'elles cultivaient, et cela en signe de dépendance et de maintien en d'autres mains de la propriété proprement dite du sol. Mais une grande masse de la population, livrée à l'industrie et au commerce, échappait à cette condition.

*
* *

Gouvernement de Carthage. — Voici comment Aristote s'exprime au sujet du gouvernement de Carthage, tel qu'il existait de son temps, c'est-à-dire au vi[e] siècle avant notre ère :

« Les Carthaginois paraissent avoir un bon gouvernement, un gouvernement à plusieurs égards supérieur aux deux autres (ceux de Sparte et de la Crète, dont il est aussi question dans ce morceau) ; et la preuve que cette république est régulièrement ordonnée, c'est qu'on n'y a vu ni trouble sérieux ni tyrannie. Les membres du conseil des cent quatre sont choisis par élection d'après le mérite [1]. Les rois [2] et le sénat correspondent à ceux de Sparte ; mais ces rois ne sont ni désignés par leur naissance ni pris au hasard. Investis d'une grande autorité, ils seraient, s'ils étaient pauvres, fort nuisibles à l'État [3]. »

« Les rois et le sénat, s'ils sont d'accord, peuvent se dispenser de porter une affaire devant le peuple ; s'ils ne sont pas d'accord, le peuple décide. Le rapport au peuple, quand il est fait, n'a pas seulement pour objet de lui donner connaissance de l'affaire ; mais chacun peut présenter ses objections, ce qui n'a pas lieu dans ces deux autres pays. Des commissions de cinq membres, investies d'attributions considérables, se recrutent elles-mêmes, et le conseil des cent (104) élit les magistrats suprêmes. Cette magistrature a un pouvoir plus long que les autres... Ces personnages n'ont point de traitement et ne sont point tirés au sort, ce qui doit être considéré comme une coutume aristocratique, de même que celle de faire juger les causes par des collèges de magistrats, et non

---

1. Le mot grec donne à la fois l'idée du rang et celle de la considération morale.

2. C'est-à-dire les *suffètes,* au nombre de deux, comme les rois de Sparte ; leur titre indique la fonction de *juges*.

3. Parce qu'ils seraient tentés de s'enrichir à ses dépens.

chacune par un tribunal distinct... Les Carthaginois pensent que les magistrats doivent être élus d'après des conditions de mérite et de fortune, car un citoyen pauvre ne saurait bien administrer, et il n'en aurait pas le temps. Si l'élection d'après la fortune a un caractère oligarchique[1], l'élection d'après le mérite a un caractère aristocratique. Ainsi le gouvernement de Carthage participe de ces deux principes, car il tient compte de ces deux considérations à la fois, pour l'élévation aux plus hautes fonctions, celles des rois et des généraux. »

L'auteur ajoute, un peu plus loin, que, grâce à la prospérité de l'État, Carthage peut prévenir des troubles, en dirigeant sans cesse quelque partie du peuple vers ses possessions ; mais que, si une calamité se produisait, si le peuple se séparait de ses magistrats, il n'y aurait point de remède, à cause du peu de force des lois.

*
* *

Phénicie du Nord ; Byblos, Bérythe. — On connaît beaucoup moins les institutions de la région, dont les villes principales furent Ghébal, nommée plus tard Byblos, et Bérythe, aujourd'hui Beyrouth[2]. Je ne saurais même dire quels furent les rapports anciens et permanents entre ces pays et la véritable Phénicie, celle des Sidoniens. Cependant ont peut croire qu'ils furent étroits, au moins dans les derniers temps, puisque, dans le IVe siècle, après la ruine de Sidon par les Perses, cette ville fut remplacée par Ghébal dans la direction de la confédération phénicienne. Quant aux villes de rang inférieur, il y a lieu de penser qu'elles restèrent toujours dans la condition de colonies ou de sujettes, comme l'étaient, en Afrique, les villes comprises dans l'empire carthaginois.

1. C'est-à-dire du pouvoir de *quelques* familles.
2. Au nord de Tyr et de Sidon, au sud d'Aradus et de Tripolis.

CHAPITRE II

L'INDUSTRIE ET LE COMMERCE

Le verre. — Ainsi que nous venons de le voir, le commerce et l'industrie étaient forcément l'occupation principale du peuple phénicien, dont le territoire était fort resserré. Les écrivains de l'antiquité ne se sont pas bornés à mentionner ce fait; ils nous ont fait connaître, à ce sujet, un bon nombre de détails.

On a contesté, non sans raison, aux Phéniciens la première invention de l'industrie du verre, que leur attribuaient les Romains du temps de Tacite; nous avons vu, en effet, que cette industrie existait en Égypte dès le temps de l'ancien empire (p. 40); mais les Phéniciens l'ont cultivée largement et avec succès, surtout, dit-on, pour les verres colorés. Ils employaient, pour la coloration du verre, le blanc, le jaune, le vert, le brun et surtout le bleu; le rouge ne se montre que par exception dans les débris de verreries phéniciennes que l'on rencontre. Il paraît qu'ils surent même imiter en verre les pierres fines; l'on a pensé, avec toute apparence de raison, que la stèle d'émeraude qui, selon Hérodote, brillait, pendant la nuit, dans le temple de Melquart, à Tyr, n'était autre chose qu'une colonne de verre translucide, éclairée par le dedans. On attribuait la supériorité de la verrerie phénicienne à la qualité exceptionnelle du sable trouvé sur la côte de ce pays, à l'embouchure du fleuve Bélus. Mais c'est par exception que l'on voit sur ces vases des figures représentées.

Le bronze. — Les Phéniciens ont pratiqué la fabrication du bronze, alliage de cuivre et d'étain. Le cuivre, ils le trouvaient dans l'île de Chypre; l'étain, ils le tirèrent des côtes de la mer Noire et aussi de l'Espagne; les Tyriens l'allèrent chercher jusqu'aux îles Sorlingues, à l'entrée de la Manche. Quant aux bijoux phéniciens de toute espèce que l'on trouve dans l'île de Chypre, on a fait remarquer que les types en étaient empruntés tant à l'Égypte qu'à l'Assyrie, mais que les procédés de fabrication en étaient propres aux Phéniciens. C'est sur leur propre rivage que ceux-ci trouvaient, en partie du moins, les coquillages dont ils se servaient pour les teintures de pourpre, si fameuses dans l'antiquité; leurs broderies aussi étaient célèbres.

Les vases de métal. — Il était une autre industrie dont les Phéniciens eurent, pour ainsi dire, le monopole pendant plusieurs siècles : c'est celle des vases de métal, en cuivre, en bronze, en argent, en or, vases auxquels ils donnèrent des formes élégantes et variées. Ils dépassèrent là, dans l'intérêt de leur commerce, les limites qui séparent l'industrie de l'art. Les dessins plus ou moins compliqués qui les décoraient, ou plutôt qui les décorent, car on en possède encore, étaient en partie gravés à la pointe, en partie travaillés au repoussé. Il est plus d'une fois question de ces vases dans les poèmes homériques. A une époque bien plus ancienne encore, les monuments de l'Égypte nous les montrent apportés en tribut au souverain de ce pays.

Certaines coupes phéniciennes sont décorées de figures réparties en bandes autour d'un médaillon central, souvent formé d'une rosace. Ces bandes présentent tantôt des œuvres d'un art réellement phénicien dans des scènes de la vie réelle ou de la mythologie, tantôt des imitations de figures égyptiennes ou de figures assyriennes. On voit même tel vase pour lequel on a adopté l'un de ces modes de décoration pour le dehors et l'autre pour le dedans. Les personnages humains et les formes fantastiques sont parfois réunis dans une même composition. On connaît aussi des objets de bijouterie proprement dite travaillés par les Phéniciens. On en connaît même en ivoire. Sans doute il n'y a pas d'éléphants en Phénicie ; mais de très bonne heure les Égyptiens ont tiré l'ivoire de l'intérieur de l'Afrique, et les caravanes qui traversaient l'Asie pouvaient en apporter de l'Inde aux industriels phéniciens.

Ce peuple avait, dit-on, réussi encore à s'assurer le *monopole* des vêtements de luxe, tant chez les peuples voisins qu'en Grèce et même en Italie. Il avait acquis la clientèle des princes et des familles opulentes, par la beauté de ses teintures et de ses tapis.

*
* *

Étendue du commerce phénicien. — Mais les productions de leur propre territoire, y compris les vins de Tyr, de Béryte, de Byblos, de Tripolis, étaient bien loin de former la totalité des objets de leur commerce. Les caravanes leur apportaient les produits de l'Asie Antérieure, et leurs flottes portaient dans toute la Méditerranée ce qu'ils recevaient ou ce qu'ils fabriquaient eux-mêmes. « Les bois du Liban (je l'écrivais il y a trente ans[1]) fournissaient une matière abondante à la création de ces flottes, pour la construction et la manœuvre desquelles les Phéniciens et leurs colons[2] furent presque sans rivaux dans l'antiquité[3]. Leur pays ne fournissait pas, il est vrai, de métaux précieux, mais ils en allaient chercher jusqu'aux extrémités du monde alors connu. Leur commerce comprenait les productions et embrassait les besoins d'une multitude de peuples étrangers. Il me suffira de choisir, parmi les objets si variés de commerce que cite la prophétie d'Ézéchiel contre Tyr, l'hyacinthe et la pourpre des îles d'Élissa ; l'argent, le

---

1. *Histoire ancienne des peuples de l'Orient, jusqu'au début des guerres médiques.*
2. Du moins ceux de Carthage.
3. Jusqu'au développement de la marine athénienne.

fer, le plomb que lui fournissait Carthage; l'ivoire apporté sans doute d'Afrique (par l'Égypte); les pierres précieuses, la pourpre[1], le lin, la soie, dont les Syriens se faisaient les marchands ou les courtiers[2], et que l'on travaillait en Phénicie; le blé, le baume, le miel, l'huile que lui apportaient les habitants de Juda et d'Israël; le vin et les laines teintes dont elle faisait le commerce avec Damas; le fer, les tapis, les aromates et l'or. Harran (en Mésopotamie) est nommée parmi les villes qui lui servaient d'entrepôt; la Grèce, Saba et l'Assyrie, parmi les pays qui lui fournissaient leurs denrées. » Ils allaient par la mer Rouge commercer jusque dans la mer des Indes. Vers la fin du VIe siècle, ils essayèrent le tour de l'Afrique, à l'instigation du roi d'Égypte Néchao, et les Carthaginois qui colonisèrent la côte occidentale du Maroc pénétrèrent un jour jusqu'au golfe de Guinée. Les vieux Phéniciens avaient fondé Gadès (Cadix), au delà du détroit qui fait communiquer la Méditerranée avec l'Océan.

Cette expansion coloniale amenée par la vie commerçante des Phéniciens s'était largement produite en Sicile et surtout en Grèce; mais, dans ce dernier pays, les colonies phéniciennes n'appartiennent qu'à des temps antérieurs aux temps historiques proprement dits. Elles avaient été bientôt absorbées par la population grecque. Quelques traits épars dans la mythologie de ce pays, surtout de la Béotie, quelques mots de la langue, surtout de ceux qui rappellent des objets de commerce lointain, quelques traditions de la poésie homérique, c'est tout ce qu'on peut y distinguer nettement.

Un grand écrivain français a dépeint en quelques lignes la vie de l'ancienne Tyr. « Quand on entre dans cette ville, dit Fénelon, on croit d'abord que ce n'est point une ville qui appartienne à un peuple particulier,

---

1. Apparemment il est ici question d'étoffes teintes.
2. La soie ne pouvait venir que de Chine; il y avait probablement plus d'une station intermédiaire entre ce pays et la Phénicie.

mais qu'elle est la ville commune de tous les peuples et le centre de leur commerce... Dans ce port, on voit comme une forêt de mâts de navires... Tous les citoyens s'appliquent au commerce, et leurs grandes richesses ne les dégoûtent jamais du travail nécessaire pour les augmenter. On y voit de tous côtés le fin lin d'Égypte et la pourpre tyrienne, deux fois teinte et d'un éclat merveilleux; cette double teinture est si vive que le temps ne peut l'effacer : on s'en sert pour les laines fines, qu'on rehausse d'une broderie d'or et d'argent. Les Phéniciens ont le commerce de tous les peuples, jusqu'au détroit de Gadès, et ils ont même pénétré dans le vaste Océan qui environne toute la terre. Ils ont fait aussi de longues navigations dans la mer Rouge, et c'est par ce chemin qu'ils vont chercher dans les îles inconnues de l'or, des parfums et divers animaux qu'on ne voit point ailleurs. » (*Télémaque*, livre III.)

Mais que produisit, dans d'autres ordres de faits, cette civilisation matérielle? C'est ce que nous allons voir à cette heure, en ce qui concerne les œuvres de l'intelligence, et spécialement la culture des arts.

CHAPITRE III

L'ÉCRITURE ALPHABÉTIQUE ET LES ARTS

L'écriture. — Ce sont les Phéniciens qui ont répandu dans l'ancienne Europe l'écriture alphabétique. Le fait est certain : les plus anciennes inscriptions grecques ne sont, pour ainsi dire, que de l'écriture phénicienne retournée de droite à gauche; et même elle ne l'est pas entièrement: le sens des lignes alternait. Les Grecs ont adopté comme voyelles des signes semblables ou presque semblables à divers signes d'aspiration dans l'écri-

ture phénicienne; encore en est-il un qui a longtemps
servi aussi d'aspiration chez les Grecs et qui nous est
resté comme tel à nous-mêmes, c'est le caractère H.
Pour les anciens caractères alphabétiques de l'Italie,
pour les caractères grecs des temps de plus haute civilisation, la transformation est accomplie; mais la transition est facile à suivre. De plus, les noms des consonnes
sont phéniciens et non pas grecs, et l'ordre dans lequel
les disposent les dictionnaires grecs est en général celui
dans lequel on les disposait en Phénicie et sous lequel les
rangeaient les Grecs : cela est certain encore, puisque,
chez les Hébreux[1] comme chez les Grecs, les lettres servaient de chiffres, et que leur valeur numérique est parfaitement connue.

*
* *

Mais cela veut-il dire que l'écriture ainsi répandue en
Occident par le commerce des Phéniciens ait été inventée
de toutes pièces par ceux-ci? Non, ce serait une erreur
de le croire. M. E. de Rougé a démontré que les lettres
phéniciennes dérivaient de certains caractères égyptiens de même valeur, mais choisis en petit nombre,
puisque l'alphabet hébraïque et l'alphabet phénicien
n'ont que vingt-deux lettres. Ni les Phéniciens ni les
Hébreux n'avaient d'ailleurs de caractères qui ne fussent pas alphabétiques. C'est donc une phase toute nouvelle qu'ils ouvrirent dans l'histoire de l'écriture, en
créant la leur; l'extrême simplicité de ce système l'a
fait admettre aisément par les peuples européens.

Mais les Phéniciens en ont-ils fait usage pour se livrer à des compositions littéraires? Non, à notre connaissance du moins; et, bien qu'ils aient eu quelques
écrits de l'ordre mythologique et historique (généalogies
de dieux, annales de Tyr et peut-être d'autres villes),
on ne peut pas dire qu'il y ait jamais eu de littérature

1. L'écriture hébraïque était voisine de celle de la Phénicie.

phénicienne ; celle des Carthaginois paraît avoir consisté surtout en écrits sur l'agriculture. Les Phéniciens se trouvèrent satisfaits quand ils eurent toute facilité pour tenir leurs livres de commerce, et, la plupart du temps, ils ne sont guère allés au delà. Même lorsqu'ils furent en relations permanentes avec les Grecs, on ne voit pas qu'ils aient acquis le sens de la poésie, et nous allons voir que les arts ne firent guère de progrès chez eux, en dehors du cercle industriel.

*
* *

L'architecture phénicienne. — L'architecture de la Phénicie a dépendu, dans une certaine mesure, des matériaux dont elle disposait. Le pays, fort montagneux, ne manque assurément pas de pierres ; mais elles ne sont pas de bonne qualité pour cet emploi. On n'y trouve point de marbre ; il n'y a pas même de grès dans la partie septentrionale. On y trouve bien quelque peu de lave, c'est-à-dire de matière volcanique, durcie à l'air, mais elle ne fut guère employée en dehors du district qui la renferme ; ce qu'on rencontre partout, en Phénicie, ce sont des tufs, d'un grain plus ou moins tendre. Cette pierre facile à creuser donna tout naturellement l'idée de pratiquer dans les hauteurs des excavations sépulcrales. On en a fait de même pour des sépultures en Chypre ; mais en Phénicie on fit plus : on creusa dans le roc des demeures pour les vivants. Cela s'est fait bien ailleurs, et Boileau a dit, en parlant d'un canton des environs de Paris, où l'un de ses amis avait sa maison de campagne :

> Et, dans le roc qui cède et se coupe aisément,
> Chacun sait de sa main creuser son logement.

L'un des restes les plus curieux de l'architecture phénicienne, c'est une maison monolithe, c'est-à-dire d'un seul bloc, découpée dans le roc, à Amrit ; la façade n'a pas moins de 30 mètres de long. Quant au mode de construction des édifices réellement *bâtis*, on peut signaler un mur subsistant encore dans l'ouest et le sud de l'île d'Arad. Il est composé de pierres longues, d'assez grande dimension et de forme carrée ; mais l'agencement en est tantôt régulier, tantôt complètement irrégulier. Toutes sont réunies sans aucun emploi du ciment.

En Syrie, quand on employait la colonne[1], le fût et le chapiteau étaient d'un seul bloc ; mais, dans les ruines d'édifices vraiment phéniciens, on en a trouvé fort peu, même brisées. « En étudiant ces débris, dit un archéologue français, *on sent* que la colonne n'était guère employée que comme motif[2] d'ornementation et comme *applique*, sous forme de pilastre ; elle ne servait pas, comme en Égypte et en Grèce, à supporter les parties hautes du bâtiment. » Les Phéniciens ignoraient à peu près l'usage de la voûte.

Le seul temple qui subsiste encore sur le sol de la Phénicie, à Amrit, paraît imité de monuments égyptiens ; non pas du développement des édifices sacrés de l'Égypte, mais des sanctuaires, qui en étaient comme le noyau ; le style est simple et même sévère ; la hauteur est de 7 mètres. Il se trouve au milieu d'une cour formée d'un roc qu'on avait soigneusement aplani : elle est aujourd'hui recouverte d'une couche de terre. Trois des côtés de l'enceinte de cette cour étaient aussi formés par le roc même sur lequel on l'avait taillée ; nulle part cette enceinte ne dépasse la hauteur de 5 mètres.

L'île de Chypre, colonisée de bonne heure par les Phéniciens, est plus riche que la mère patrie en objets de l'art antique. Le plan des ruines du temple de Paphos donne une autre idée de l'architecture religieuse de ce

---

1. J'entends, naturellement, avant que les Grecs fussent venus apporter dans ce pays d'autres habitudes en fait d'art.
2. C'est-à-dire comme instrument.

pays que celle qu'on peut conclure de la vue du petit
monument d'Amrit.

*
* *

Sculpture. — Les Phéniciens avaient dans leur voisinage des peuples habiles à représenter les êtres vivants.
Adroits eux-mêmes et avides de multiplier les objets
d'un placement avantageux pour leur commerce, ils ne
négligèrent point les imitations de cette nature. Figures
d'hommes et d'animaux, statues, statuettes, bas-reliefs
de toute matière et de toute dimension, étaient produits
pour les marchés du pays ou pour l'exportation; mais
l'absence du marbre était un obstacle sérieux au progrès
de l'art, du moins dans la Phénicie proprement dite.

En Chypre, le grain du calcaire est plus fin et plus
serré : c'est là qu'on trouve surtout des types de la sculpture phénicienne. Cependant, sur le continent, on em-
ploya quelquefois la pierre volcanique. Les Phéniciens
ont aussi fabriqué des statues de métal et des statues de
terre cuite; ils ont eu quelquefois l'idée de colorier celle-
ci. — Nous avons parlé de la ciselure, à propos du commerce industriel.

CHAPITRE IV

LA RELIGION

Sources. — On a fait, dans notre siècle, des études
sérieuses et variées sur la religion phénicienne; mais elle
n'a point laissé, nous l'avons dit, de grande composition littéraire. Le texte le plus étendu qui la concerne
dans l'antiquité est une série de généalogies mythologi-

ques ; on y a reconnu des séries distinctes de fables, concernant les cultes spéciaux de différentes villes ; mais ce texte lui-même ne comprend qu'un petit nombre de pages, et de plus il a été rédigé, sous la forme où nous le possédons (c'est une traduction grecque), à une époque tardive, où le mélange de la mythologie grecque avec celle de Phénicie se laisse bien souvent reconnaître.

Avec ces pages il faut consulter divers témoignages, tant des écrivains hébreux que des auteurs grecs, et aussi un grand nombre de courtes inscriptions en l'honneur des divinités de cette race.

Les noms de ces divinités sont fort instructifs, car, pour plusieurs du moins, ils nous apprennent l'idée que les Phéniciens attachaient aux êtres que ces noms représentaient[1]. Cependant on ne peut garantir que l'esprit de cette religion ne se soit pas modifié ou même transformé avec le temps, et par conséquent que l'idée attachée à ces noms soit toujours demeurée telle qu'elle existait lorsqu'ils furent adoptés pour représenter ces croyances.

Baal. — On peut d'autant moins l'affirmer que le nom de la Divinité suprême exprime une idée bien peu en accord avec le sentiment de cette doctrine, telle que des témoignages historiques nous la montrent aux époques non primitives, telle que la font comprendre son culte et sa morale. Ce dieu suprême, c'est *Baal,* nom qui signifie *maître, seigneur.* Il exprime donc l'idée d'un être souverain, élevé bien au-dessus de la nature, ainsi que la tradition patriarcale et la raison représentent le vrai Dieu, le Dieu des chrétiens. Le nom de *El,* puissant, et, à Ghébal, celui de *Adon,* seigneur[2], exprimé en grec par *Hypsistos,* très haut, sont de même employés pour expri-

---

1. Les inscriptions phéniciennes nous montrent que cette langue était très voisine de l'hébreu, et, comme celui-ci est bien connu, on a pu interpréter.

2. Et *Adon-i,* mon seigneur : les Grecs et les Latins, qui en ont fait un homme, ont dit *Adonis. Molokh* ou *Melek* signifie proprement le roi.

mer l'idée de la Divinité par excellence. Tous trois sont
au fond synonymes; ils expriment également la puissance souveraine. Ils pouvaient donc être, et ils avaient
certainement été dans l'origine, des épithètes d'un même
être, idée à laquelle n'était jointe aucune désignation
mythologique, et cette observation peut s'appliquer à
toutes les parties du pays. De même, dans la très ancienne Égypte, le Dieu par excellence était Hor, qui signifie *élevé, très haut*.

** * **

Ashthoreth. — Mais à côté de Baal les Phéniciens nom-
maient la déesse *Ashthoreth*, qui paraît être d'origine
babylonienne. (Voy. ci-dessous le livre IV.) Cependant
cette figure n'altéra pas autant qu'on pourrait le penser
l'idée de l'unité divine et de la puissance souveraine. On
appelle aussi cette déesse *Baaltis*, qui est comme un
féminin de Baal. Sous le nom de *Tanit*, à Carthage, elle
était dite *face* ou *personne* de Baal, et en Phénicie même,
à Sidon, à une époque peu ancienne, on l'appelait *Nom*
de Baal, c'est-à-dire *exprimant* sa nature et ses attributs.
C'était donc un dédoublement de la Divinité suprême :
idée bien enfantine, bien grossière assurément, mais fréquente dans les mythologies antiques, et qui laisse entrevoir comment s'est produit, en certains cas du moins,
le passage de l'adoration d'un seul Dieu à celle de divinités diverses, par la personnification de ses attributs. Baal
était une intelligence souveraine, et Ashthoreth (les Grecs
disaient Astarté) une divinité de la nature matérielle, de
la fécondité de la terre. Un autre dédoublement s'est
produit au sujet de ce personnage : les Phéniciens ont
adoré Anata, à la fois déesse de la fécondité et de la
guerre. Or tel est le double caractère de l'Assyrienne
Istar, dont le nom, légèrement altéré, a produit celui
d'Ashthoreth. Il est donc bien probable qu'Anata, comme

Tanit, était, chez les Phéniciens, une désignation d'Astarté elle-même.

* *

Adonis. — Baal était l'auteur du monde; sa puissance était irrésistible, il donnait et ôtait la vie ; mais on ne voit nulle part qu'on lui attribue la justice ni surtout la bonté. Comme il arrivait chez la plupart des peuples anciens, les lois morales n'étaient que très médiocrement, ou n'étaient pas du tout comprises dans les croyances religieuses des Phéniciens, au temps où nous les connaissons avec quelque détail. En réalité, ils distinguaient peu et mal la nature et son auteur. Baal est souvent confondu avec le soleil; et, quant à Adonis, on le représenta comme mourant et revivant chaque année, suivant le retour des saisons : tué, dans la tradition d'une localité, par un sanglier, figure des ardeurs de l'été; succombant, dans une autre, quand les jours décroissent notablement, quand l'hiver approche. Le rite des jardins d'Adonis consistait dans la plantation de plantes qui croissent et se flétrissent rapidement, symbole peut-être de la brièveté de la vie.

* *

Expansion du culte de Baal. Dieux divers. — Baal n'était pas seulement auteur du monde, donnant et ôtant la vie à tous les êtres de la nature ; mais il était aussi considéré comme étant, dans chaque cité, un être distinct, protecteur spécial de l'État ; du moins la masse du peuple paraît l'avoir considéré ainsi ; on disait le Baal, c'està-dire le Seigneur divin, de telle ou telle ville. Celui de Tyr était appelé Melkart, c'est-à-dire le roi de la ville ; mais il y avait aussi le *Baal des cieux*. Naturellement celui-ci dut être plus tard confondu avec Jupiter, mais

Melkart fut appelé l'Hercule tyrien ; on représenta symboliquement par ses exploits les aventures maritimes de ce peuple navigateur ; on le fit aller en Gaule et en Espagne, où les Phéniciens fondèrent des colonies. Les Carthaginois adorèrent spécialement *Baal-Hamman*, Baal le brûlant (le soleil ou le feu), que l'on confondit avec le dieu égyptien Ammon. Il y eut aussi un *Reshef*, dieu de la foudre ; mais je n'oserais affirmer que ce dieu, adoré en Chypre, ait eu un culte dans la Phénicie continentale. Les Grecs établis en Orient l'ont appelé Apollon, le dieu aux flèches redoutables.

On ne saurait dire que les attributs divins qui manquent à Baal aient été suppléés par ceux des autres divinités phéniciennes, qui d'ailleurs sont peu nombreuses. Cependant Sydyk (la justice), fils de Baal et d'Ashthoreth, était adoré conjointement avec eux ; il est surtout connu comme père de sept *Cabires*, c'est-à-dire de sept grands dieux, qui avaient pour frère *Eshmoun* (le *huitième*), dieu spécial de Béryte, auquel on donnait pour attribut le serpent qui se mord la queue, symbole de l'éternité. C'est apparemment ce serpent qui a fait confondre Eshmoun avec Esculape. Quant aux sept Cabires, ils pouvaient représenter ensemble l'action divine sur les divers objets de la nature, ou bien encore les sept planètes des anciens, c'est-à-dire le soleil, la lune, Mercure, Vénus, Mars, Jupiter et Saturne. Des petites planètes télescopiques ni de la planète lointaine de Neptune, découverte, il n'y a pas cinquante ans, par M. Leverrier, il ne pouvait être question, puisque les anciens ne connaissaient pas le télescope.

En Afrique, au moins, le culte de Baal était quelquefois effroyable : dans leur détresse, les Carthaginois lui sacrifiaient jusqu'à leurs enfants en les brûlant : on déposait ces pauvres petits sur les bras de la statue, inclinés de telle façon qu'ils roulaient dans un brasier. Peut-être est-ce là ce qui a fait donner à Baal l'épithète de brûlant, *Hamman*, bien que la figure signalée plus haut rappelle l'Ammon égyptien, que l'on représentait quelquefois avec des cornes de bélier. Dans les derniers temps, on voit établir une confusion entre Adonis et Osiris, à cause de la mort et de la vie alternative du premier, et de l'histoire du second, succombant sous les embûches de son frère et ressuscité ensuite par les soins de ses sœurs.

LIVRE III

LES ISRAÉLITES

CHAPITRE PREMIER

LA LOI DE MOÏSE

Caractères généraux de la législation des Hébreux.
— Il y a bien de la différence, comme le faisait observer
Pascal, entre un livre que fait un peuple et un livre qui
fait lui-même un peuple.

La législation des Hébreux était la règle morale et sociale de leur existence, mais non le résumé de leurs coutumes et mœurs ; elle n'exprime pas leurs inclinations,
car celles-ci furent non seulement fort inférieures, mais
souvent même positivement contraires à son esprit et à
ses prescriptions. Mais cette législation, dictée par Dieu
à Moïse, à laquelle ils furent tantôt fidèles, tantôt infi-
dèles, demeurait toujours une règle d'ordre supérieur
à laquelle ils devaient revenir. Nous verrons d'abord
comment ces prescriptions sauvegardaient l'avenir et
la dignité des familles, en imposant un frein perma-
nent aux passions des individus. Nous verrons ensuite
quelle fut l'organisation politique d'Israël, et comment
cette dernière a pu être transformée.

Les Israélites étaient une famille qui, durant son long
séjour en Égypte, se multiplia au point de devenir un
peuple. Ses institutions ne furent ni une modification des
coutumes égyptiennes, ni une simple tradition de ses
souvenirs patriarcaux ; cependant on peut dire que ceux-
ci ont formé le noyau primitif de ses croyances. « Moïse,

dit l'abbé Vigouroux, dans son admirable ouvrage inti-
tulé *la Bible et les découvertes modernes en Palestine,
en Égypte et en Assyrie,* n'a point prétendu donner à son
peuple une religion nouvelle : il a voulu seulement garantir la religion des patriarches de tout alliage impur,
en l'entourant, pour ainsi parler, d'une haie protectrice.
Il a insisté fortement sur les points qui étaient menacés
d'altération ou de corruption, comme l'unité de Dieu;
il ne s'est pas arrêté aux autres... Les Juifs ont admis
de tout temps qu'il y avait beaucoup de vérités qui n'a-
vaient pas été écrites dans la loi, mais qui avaient été
conservées et transmises parmi eux de génération en
génération par la tradition orale. »

Ce principe souverain de l'unité de Dieu et la pureté
de son adoration étaient précisément ce qui répugnait
souvent à l'esprit grossier des Hébreux. Ils avaient dû
être témoins en Égypte de pratiques immorales; ils se
trouvèrent bien plus exposés encore à dégénérer par
le contact d'une profonde dépravation, et chez les voisins
de leur nouvelle patrie, et chez les anciens habitants,
qu'ils allaient châtier de leurs crimes, mais qui demeu-
rèrent en assez grand nombre à côté des vainqueurs.

*
* *

Organisation sociale des Hébreux. — Voici maintenant quels furent les principaux traits de l'organisation
sociale des Hébreux. Je me plais à rapporter l'honneur
du résumé qui va remplir ces pages aux belles et savantes leçons que nous faisait, à l'École normale supérieure, M. Wallon, aujourd'hui secrétaire perpétuel de
l'Académie des inscriptions.

La loi de Moïse offre, comme je le disais tout à l'heure,
le spectacle, unique dans l'histoire du monde, d'une
législation complète dès l'origine de la nation et subsistant durant de longs siècles, malgré des infractions fréquentes, mais toujours réparées, et quoique, par sa

beauté même, elle fût antipathique aux inclinations grossières du peuple qu'elle régissait. Celui-là seul pouvait l'imposer aux Hébreux qui était appuyé par les manifestations éclatantes de la volonté divine ; de telles manifestations pouvaient seules la faire triompher.

Le principe fondamental de cette législation tout entière, c'est l'autorité de Dieu sur les Juifs, comme peuple aussi bien que comme individus. Il est, dans le sens littéral du mot, leur souverain ; toute autre autorité est subordonnée à la sienne et a pour objet de maintenir l'exécution de ses lois morales et sociales ; mais cela ne signifie point que les pouvoirs publics fussent confiés au sacerdoce, c'est-à-dire à la famille d'Aaron, frère de Moïse, qui était la famille sacerdotale, ni même à sa tribu, celle de Lévi, consacrée aux diverses fonctions du culte.

Les lois pénales des Juifs ne connaissaient ni les supplices recherchés, ni la *question*, par laquelle (triste héritage du droit romain) les nations européennes, même la France, ont longtemps cherché à contraindre par des tourments les accusés à s'accuser eux-mêmes. On ne pouvait prononcer la peine de mort sur la déposition d'un seul témoin, et, contrairement aux mœurs politiques de l'Asie, le supplice du père n'entraînait pas celui de ses enfants. Mais l'idolâtrie, qui, dans cette région comme partout ou presque partout ailleurs, était liée à d'affreuses débauches (il y en a des exemples même en Égypte), l'idolâtrie, qui était un outrage à Dieu et à la raison, et en même temps une attaque contre le principe constitutif de la nation, contre le fondement de son unité, emportait la peine de mort.

La propriété de la terre était soumise à des conditions ou, si l'on veut, à des restitutions qui devaient sans cesse rappeler aux Israélites le don direct que Dieu leur en avait fait, en les chargeant de châtier la dépravation des Chananéens et leur abandonnant ce territoire. D'une part, la tribu de Lévi était exclue du partage, n'ayant, pour y demeurer, qu'un certain nombre de villes avec une étroite banlieue ; de l'autre, elle devait être entretenue par le payement d'un dixième de la récolte, en sorte que, loin d'avoir la situation prépondérante, elle dépendait, pour son existence même, du plus ou moins de fidélité des Israélites à la loi. Elle dut souffrir beaucoup de leurs infidélités fréquentes, mais demeura liée, comme tout le reste du peuple, par une loi qu'elle n'avait pas créée et qu'elle ne pouvait changer. Mais les prescriptions relatives aux terres s'étendaient beaucoup plus loin.

Chaque septième année, année *sabbatique,* on interrompait la culture, qui eût épuisé la terre ; et les productions qu'elle donnait alors sans labeur [1] devaient être partagées avec les serviteurs et les étrangers : l'étranger, la veuve, l'orphelin, avaient aussi part à la dîme. De plus, l'année *jubilaire,* c'est-à-dire chaque cinquantième année [2], devait rétablir chaque famille en possession des champs qui lui avaient été assignés lors de la conquête. Ainsi la vente des biens ruraux ne pouvait jamais être qu'un engagement de la terre pour les années qui restaient à écouler jusqu'à la prochaine année jubilaire ; en sorte que l'imprévoyance, la paresse ou la prodigalité d'un père ne pouvait compromettre que temporairement le sort de sa famille. Au bout d'un certain temps, celle-ci recouvrait son bien, et cela sans que les droits de personne fussent lésés, puisque l'acquéreur temporaire savait d'avance ce qui aurait lieu. Le père n'avait point d'ailleurs, comme il l'avait dans la loi romaine (avec ou sans le tribunal domestique), droit de vie et de mort sur ses enfants.

Mais les années sabbatiques et jubilaires avaient encore une autre portée d'une nature bien plus haute : c'était le retour à la liberté de tous les serviteurs hébreux. Sans doute ce qu'on appelait esclavage en Palestine ne ressemblait guère à ce qu'était l'esclavage chez

1. Sur le sol de la Palestine, les semailles, une fois faites, donnent encore un produit dans l'année qui suit la récolte.
2. D'autres ont compris la quarante-neuvième.

les Grecs et les Romains. En certains cas, paraît-il, la
loi de Moïse punissait de *mort* le maître meurtrier de
son esclave, succombant aux mauvais traitements, et af-
franchissait (sans indemnité pour le maître, bien entendu)
l'esclave que son maître avait blessé[1]. Le repos du sab-
bat et des fêtes était pour le serviteur comme pour
l'homme libre. « Souvenez-vous, disait cette loi, que
vous avez été vous-mêmes esclaves en Égypte. » Cette
servitude, si adoucie, par comparaison avec celles de la
Grèce et de Rome, cessait, dans certains cas, à l'année
jubilaire, dans d'autres à l'année sabbatique, c'est-à-dire
au bout de six ans au plus; c'était le cas d'un Hébreu
acheté; l'année jubilaire s'appliquait à celui qui avait
engagé son travail. Mais si l'esclave refusait alors sa
liberté, son asservissement devenait perpétuel : il était
sans doute considéré comme indigne de la liberté qu'il
avait dédaignée. Il est vrai qu'en apparence au moins
les esclaves étrangers étaient exclus de cette libération,
les Juifs usant envers eux du cruel droit des gens dont
les étrangers usaient envers eux-mêmes. Mais en se dé-
clarant prosélyte, c'est-à-dire en adoptant la religion de
Moïse, tout étranger était admis à l'égalité civile avec
l'Israélite, et il y a lieu de penser que ce bénéfice s'éten-
dait aux serviteurs. Contrairement aux mœurs des peuples antiques, le devoir de charité n'était pas borné aux
indigènes : « Que l'étranger soit chez vous comme l'in-
digène, disait encore la loi, et vous l'aimerez comme vous-
mêmes, car vous aussi vous avez été étrangers sur la
terre d'Égypte. » Il avait part aux dîmes, nous l'avons
vu; il était associé au pauvre, à l'orphelin et à la veuve
dans le droit de glaner la gerbe oubliée, droit formellement établi par la loi et qui nous rappelle la délicieuse
histoire de Ruth. Moïse condamnait même la cruauté
envers les animaux, qui endurcit le cœur et peut conduire à la cruauté envers les hommes.

---

1. S'il lui crevait un œil, s'il lui faisait sauter une dent, disait
la loi.

CHAPITRE II

GOUVERNEMENT

Première période, du quinzième au onzième siècle. — On se rend souvent mal compte de ce qu'était la condition politique des Hébreux, depuis la mort de Josué jusqu'à l'avènement de Saül. Sur ce point aussi, M. Vigouroux a donné des explications aussi nettes qu'intéressantes : il est à propos de les résumer ici.

Pendant cette période, le peuple d'Israël n'était, à proprement parler, ni en monarchie ni en république : il n'y avait là, dans l'état ordinaire des choses, aucun magistrat suprême, ni héréditaire ni électif, soit pour la nation entière soit pour chaque tribu en particulier, au moins comme puissance administrative, telle que nous l'entendons. C'était le régime *patriarcal* qui subsistait, c'est-à-dire que l'organisation sociale reposait tout entière sur la famille, et par conséquent sur la puissance paternelle.

« Chaque tribu était indépendante ; tous les pouvoirs locaux étaient héréditaires, et il n'existait pas de pouvoir législatif : on ne faisait aucune loi nouvelle, tout était réglé par l'usage et par Moïse ; on n'entreprenait point de travaux publics : ce genre d'entreprise était *inconnu*. Il n'y avait donc, à proprement parler, aucun fonctionnaire, et par conséquent aucun employé à rétribuer ou à nommer ; point de trésor public, ni charges ni impôts. Les Hébreux... payaient la dîme[1] comme un fermier paye son bail à son propriétaire... Pas de collecteurs de dîmes, pas de publicain pour en exiger le payement. Cette simplicité dans l'organisation sociale se retrouvait dans la vie privée ; de même que chaque village se suffisait à lui-même et était autonome, indépendant de tous les autres, sauf peut-être un certain pouvoir plus nominal que réel

---

1. Pour l'entretien du culte public, et par conséquent à Dieu.

du chef de tribu, chaque famille, chaque maison se suffisait généralement pour les besoins de la vie quoti-
dienne... Chacun vivait du revenu de son champ et de
ses troupeaux ; le blé qu'il avait récolté lui-même, le lait
et la chair de ses brebis, le fruit de sa vigne et de son
figuier, étaient la seule nourriture de l'Israélite. C'étaient
les femmes de sa maison qui tissaient et cousaient ses
vêtements et fabriquaient ses chaussures, de même
qu'elles préparaient son pain et ses repas... On échan-
geait seulement à l'occasion l'excédent des produits de la
récolte ou du troupeau, avec les Phéniciens industrieux
ou avec les caravanes qui traversaient la Palestine, contre quelques riches étoffes ou quelques parures, quelques armes ou quelques métaux précieux[1].

« Comme il pouvait survenir des différends, les cas liti-
gieux étaient jugés, d'après la coutume, par les anciens
du peuple, c'est-à-dire par les chefs de famille, à la porte
de la ville... Les transactions entre les particuliers se
faisaient aussi à la porte de la ville, sans notaire et sans
écrit, mais devant les habitants du lieu, qui servaient de
témoins... Si les juges ne pouvaient s'entendre, ou si
l'une des parties refusait d'accepter leur sentence, Moïse
avait réglé que l'on recourrait aux prêtres[2]. C'est, en
dehors de l'unité religieuse, la seule trace d'unité, le seul
lien rattachant ensemble les douze tribus que l'on puisse
découvrir dans la législation mosaïque. » Point d'armée
permanente, bien entendu, non plus que chez les Grecs
ou les Romains, dans les plus beaux temps de leur
histoire.

Mais qu'étaient-ce que les Juges, non pas d'une ville,
mais du peuple d'Israël ou d'une partie de ce peuple?
C'est ce qu'il est nécessaire de bien expliquer.

---

1. Tout cela suppose, comme on le voit, une condition d'existence où l'agriculture *suffit* à la prospérité d'une population nom-
breuse. Il en a été ainsi, en effet, de la Palestine jusqu'à ce qu'elle
ait été ruinée par l'énervant despotisme des Turcs.

2. L'auteur fait observer qu'il n'y a trace de l'institution du
Sanhédrin ni au temps des Juges ni au temps des rois.

Il arriva plusieurs fois que, pour punir les prévarications de diverses tribus ou de la nation entière, Dieu les abandonna à l'ambition ou à la cupidité de leurs voisins. Après un certain temps, les souffrances des opprimés les ramenaient à de meilleurs sentiments ; ils reprenaient courage et se ralliaient en armes autour de celui que la Providence avait choisi pour les délivrer ; mais, comme le fait observer M. Vigouroux, « le Juge n'avait sur les troupes ainsi volontairement rassemblées que le pouvoir qu'il savait prendre ou qu'elles voulaient bien lui donner. Tout dépendait de son savoir-faire et de sa dextérité à manier les hommes, à les faire obéir.

« Quand le danger public, qui avait élevé le Juge à la tête du peuple en armes, était passé, quand la nécessité qui avait forcé tout le monde à se soumettre à lui n'existait plus, les Israélites et leur libérateur lui-même retournaient chacun à leur champ et à leur héritage ;... le Juge ne gouvernait pas, parce qu'il n'y avait pas d'administration... Il restait sans doute au Juge un grand prestige ; son front demeurait comme entouré de l'auréole de la victoire ; il protégeait, pour ainsi dire, tout Israël du reflet de sa gloire ; sa réputation garantissait la paix intérieure[1] par la terreur salutaire qu'il avait inspirée aux ennemis du dehors ; et il continuait à être ainsi le bienfaiteur et le libérateur d'Israël ;... mais il ne le gouvernait pas dans le sens propre du mot... Il jouissait naturellement d'une grande considération et d'une légitime influence ; il était consulté peut-être dans les cas difficiles ; mais il n'avait aucune autorité définie : c'était seulement le premier citoyen du pays, le plus estimé et le plus honoré de tous[2]. » Josué lui-même était devenu, après la conquête, un simple particulier.

1. Ceci va être expliqué tout à l'heure.
2. Le Juge paraît avoir été quelque chose de plus dans les derniers temps de cette période.

*
* *

Seconde période, du onzième au septième siècle. — Dans le courant du XI⁰ siècle, un grand événement politique s'accomplit : désireux d'accroître sa puissance militaire, le peuple d'Israël voulut avoir un roi comme les nations voisines. Malgré les représentations que le prophète Samuel leur fit de la part de Dieu, dont ils rejetaient en quelque sorte la souveraineté, malgré l'énergie avec laquelle il leur signala les dangers d'un pouvoir despotique, les Israélites persistèrent, et Saül fut sacré.

La royauté ainsi constituée était, en un sens, absolue : à vrai dire, personne alors n'avait l'idée d'une monarchie limitée, telle que nous l'entendons aujourd'hui; cependant la loi de Moïse ne fut pas abolie ; et par conséquent, si le pouvoir exécutif était illimité, on ne lui reconnaissait pas le droit de rien changer à l'ordre civil dans les objets que cette loi avait réglés. Il y en a un exemple mémorable dans l'histoire de Naboth, mis à mort sur une accusation calomnieuse, parce qu'il n'avait pas voulu vendre à perpétuité à la famille royale tout ou partie de l'héritage de ses pères. Encore faut-il remarquer que cet événement eut lieu bien après la séparation des deux royaumes de Juda et d'Israël, et dans ce dernier, où la fidélité aux traditions religieuses fut fréquemment et largement violée, quoique l'apostasie ne fût pas universelle.

La transition de la judicature à la royauté ne fut pas absolument brusque. Saül s'était à peine formé une petite cour et un noyau d'armée régulière ; mais déjà, comme le fait observer M. Vigouroux, « David ébaucha à grands traits l'*organisation* du royaume ; il créa une milice, établit une sorte d'administration, fonda surtout l'*unité* de son peuple en lui donnant une capitale, Jérusalem, qui devint comme le cœur de la nation, le centre de la vie civile, politique et religieuse d'Israël. »

6.

Cependant l'auteur ajoute : « Saül n'avait point imposé de tribut à son peuple ; David fit peut-être de même. Il subvint aux dépenses de sa maison et de ses guerres au moyen de la guerre même et des redevances qu'il obligea les peuples vaincus à lui payer ; il trouva aussi des ressources dans les revenus de ses champs, de ses vignes et de ses oliviers, dans ses nombreux troupeaux de brebis, de bœufs et de chameaux. »

Mais c'est sous le règne de Salomon que nous rencontrons plus clairement, avec plus de détail, dans le récit biblique, l'organisation monarchique du pays. Non seulement il conserva les charges de chancelier et de secrétaire du roi, qui avaient existé sous David, mais on voit, de son temps, un conseiller secret, qui était neveu du roi, un ministre ou surintendant de la maison royale, un receveur général des impôts, et, dans chaque tribu, un receveur subordonné[1] ; les impôts étaient alors perçus en nature, suivant la coutume orientale. « Outre les présents plus ou moins volontaires, dit l'auteur déjà cité, que l'usage prescrivait de faire au roi, au moment de son avènement, en temps de guerre et peut-être aussi quand on se présentait devant lui, il y a lieu de croire que le gouvernement exigeait pour son compte, quoique nous ne soyons pas très exactement renseignés là-dessus, la dîme de tous les biens… De plus, David avait réglé que tous les hommes valides seraient astreints tous les ans pendant un mois au service militaire, et très probablement ils étaient obligés pendant ce temps de s'entretenir à leurs frais. » Il y avait aussi des droits d'importation sur les marchandises venues de l'étranger, ce que nous appelons des douanes. Quant aux travaux publics, ils furent imposés par Salomon aux anciennes familles du pays, qui étaient restées parmi les Israélites.

Il ne paraît pas que les principes de ce gouvernement aient été modifiés pendant la durée assez longue de son

---

1. Cependant les circonscriptions financières ne correspondaient pas aux limites des tribus ; elles étaient égalisées en tenant compte de l'étendue, de la population et de la fertilité de chacune.

existence, c'est-à-dire jusqu'au commencement du VIe siècle. Quant aux sources de la richesse publique, rien ne
donne à penser, ce me semble, que le commerce maritime, entrepris dans la mer des Indes par le golfe Arabique grâce à l'alliance des Phéniciens, se soit prolongé
au delà du règne de Salomon, et il y a lieu de penser
que les guerres de l'Assyrie nuisirent beaucoup au commerce des caravanes durant les siècles suivants.

CHAPITRE III

LES ARTS

Le temple de Salomon. — Il n'existe, avec quelques
sépultures découvertes de notre temps, et parmi elles,
probablement la grotte funéraire de Josué, d'autres
monuments des arts de l'ancienne Palestine, que les vestiges, ou plutôt les fondations du temple de Salomon,
deux fois relevé à la même place depuis la destruction
de Jérusalem par les Chaldéens. Mais la description de
ce temple faite dans la Bible permet de le reconstruire
par la pensée, quoiqu'il n'en reste rien au-dessus du sol.

Dans la partie conservée des fondations, on a trouvé
inscrits des caractères phéniciens, ayant servi de mar-
ques aux ouvriers, et rappelant l'emploi par Salomon
d'artisans ou d'artistes de cette nation, envoyés pour
la construction de l'édifice par son allié Hiram, roi de
Tyr. Voici quelques lignes de la description de cette
muraille faite par M. de Vogüé, et citée par l'abbé Vigouroux :

« Les pierres sont de dimensions très grandes, mais
variables; les assises diminuent de hauteur à mesure
que l'on s'éloigne du sol[1] : la plus haute a 1^m,90 et se

1. C'est-à-dire de la couche de roc sur laquelle furent posées les

trouve au pied du mur ; la plus étroite a un mètre à peine.
La longueur des blocs est encore plus variable et va depuis 7 mètres jusqu'à 0^m,80 ; un seul a 12 mètres de long
et se trouve dans l'angle sud-ouest. C'est aux angles que
sont réunies les pierres les plus grosses ; dans les angles
aussi et dans les portions en terrasse qui ont à supporter
un effort considérable, les assises sont posées *en retraite*[1]
les unes sur les autres... Chaque pierre est *dressée* avec
le plus grand soin sur toutes ses faces, posée à joints
vifs, sans mortier. »

« Le plan général de Salomon, dit M. Vigouroux, fut de
reproduire, en matériaux solides et en proportions doubles, le tabernacle élevé par Moïse dans le désert. »
Comme les temples de l'Égypte, mais d'une façon plus
simple et plus régulière, il formait un ensemble de constructions. Si l'on traduit en mesures françaises les dimensions données par la Bible, on trouvera les résultats
suivants :

Le *Saint*, c'est-à-dire le temple proprement dit (en
grec *naos*, en latin *cella*) avait environ 30 mètres de
longueur, 10 de largeur et 15 de hauteur. Celle-ci était
réduite d'un tiers pour la partie la plus sacrée, appelée
le *Saint des saints*, qui occupait en longueur le tiers de
ce *naos*[2] ; c'était là qu'était conservée l'arche d'alliance,
et le grand-prêtre seul y pénétrait. Dans le *Saint* étaient
des chandeliers d'or et l'autel des parfums. Ces deux
parties du *naos* étaient séparées l'une de l'autre par un
mur ou une cloison, où était ménagée une porte. En avant
du *Saint*, l'édifice était prolongé par un vestibule dans
une longueur d'environ 5 mètres. Le *naos* était revêtu
intérieurement d'une boiserie en cèdre doré ; le plancher

fondations, bien au-dessous du sol actuel et sans doute même de
celui où était dressé le temple lui-même, bâti sur une des collines
de Jérusalem.

1. C'est-à-dire que chacun des rangs ou couches de pierres est
posé extérieurement un peu en arrière de celui qui est immédiatement au-dessous.

2. A l'extrémité opposée à l'entrée.

aussi était en cèdre avec des lames d'or. Le toit, de forme plate, était lui-même en cèdre doré, mais revêtu à l'extérieur de dalles en pierre blanche. La décoration du vestibule était différente ; en effet, le toit en était soutenu par deux colonnes d'airain ; ce vestibule n'était point fermé à l'extérieur. Disons enfin que trois étages de petites chambres s'appuyaient extérieurement[1] sur le *Saint* et le *Saint des saints*. Elles croissaient en largeur d'un étage à l'autre, tandis que le mur sur lequel elles s'appuyaient diminuait d'épaisseur en s'élevant, comme nous l'avons vu.

La direction de l'axe du temple était de l'est à l'ouest ; je ne dis pas de l'ouest à l'est, car c'est à l'est qu'était l'entrée, et c'est à l'ouest qu'était le *Saint des saints*. Cette disposition avait l'avantage d'être une protestation publique et permanente contre l'adoration du soleil, que pratiquaient divers peuples voisins et à laquelle les Juifs étaient exposés à se laisser entraîner.

Le temple était fréquenté par les prêtres et sans doute par les lévites ; on donna le nom de Cour des prêtres à la partie du parvis qui en était la plus voisine ; mais le lieu de prière pour le peuple était le reste du parvis. C'était là, en dehors du temple proprement dit, qu'était l'autel d'airain, où l'on immolait les victimes. Une grande enceinte fut formée extérieurement à celle-là ; mais elle ne fut achevée qu'assez longtemps après la mort du roi Salomon.

On connaît beaucoup moins les détails des palais de ce prince ; c'est l'historien Josèphe, du Ier siècle de notre ère, qui en a surtout parlé. Il nous apprend que, dans l'un d'eux au moins, la décoration intérieure des murs était formée de pierres de choix. Sur une rangée de ces pierres était représentée par la sculpture une décoration végétale[2], faite avec un art merveilleux. L'un de ces édi-

---

1. Mais non jusqu'en haut.
2. Sauf de rares exceptions, appartenant à cette époque, les Juifs évitaient les figures d'hommes et d'animaux, pour ne pas

fices était appelé Bois Liban, à cause des nombreuses colonnes de cèdre qui décoraient les salles basses, ainsi que le portique où le roi rendait la justice.

La tradition israélite lui attribuait aussi divers travaux d'utilité publique, principalement des réservoirs et des aqueducs. Il fut aussi l'auteur de travaux de fortification, tant pour sa capitale que pour ses frontières. Il fonda, dans une oasis du désert de Syrie, la colonie de Thadmor, appelée Palmyre par les Grecs. A ces travaux pourvut le subit et considérable accroissement de la richesse publique, provenant du commerce lointain, tant celui des caravanes que celui qui partait de la mer Rouge. Sur la frontière même de la Palestine, l'opulente Égypte offrait la matière d'un commerce florissant.

A toutes les époques de leur histoire, les Israélites paraissent avoir eu la coutume de creuser les sépultures dans le roc. Il y a un certain nombre d'années, on annonça qu'on avait découvert celle des rois de Juda, ou du moins de la plupart d'entre eux, dans un vaste caveau où de nombreux sépulcres étaient réunis et paraissent avoir été groupés successivement, à la suite d'une place d'honneur, occupée par le plus beau d'entre eux, qui a été apporté au musée du Louvre. Des objections ont été faites contre cette identification ; l'on ne s'accorde pas sur l'interprétation des textes historiques qui concernent les sépultures de cette dynastie ; du moins les monuments découverts ne peuvent-ils être que ceux d'une famille importante, probablement d'époque ancienne ; on y remarque aussi l'emploi de la décoration végétale dont je parlais tout à l'heure. Mais on peut dire, d'une manière générale, que, même dans leur entrée extérieure, les caveaux funéraires des Juifs aujourd'hui connus, se font remarquer par un caractère de noble simplicité. Ce fut seulement dans les derniers temps de l'indépendance, pour des princes de la dynastie asmonéenne, que l'on

donner lieu à des actes d'idolâtrie à laquelle ce peuple était si enclin.

vit élever de grands monuments funéraires au-dessus de la surface du sol.

Je ne reproduirai rien ici à titre d'œuvre littéraire du peuple israélite, comme je l'ai fait pour l'Égypte, comme je le ferai plus loin pour Babylone et pour la région aryaque. Nous ne connaissons de poésie hébraïque que des chants provenant d'une inspiration surnaturelle : ils ne peuvent donc être pleinement considérés comme l'expression de l'esprit national, souvent réfractaire aux principes qu'ils exprimaient, bien que la foi religieuse du pays les ait adoptés. Ces chants d'ailleurs et les enseignements qu'ils renferment sous diverses formes doivent être connus plus ou moins de tout le monde en France, puisqu'ils sont adoptés par tous les cultes professés dans notre pays.

LIVRE IV

CHAPITRE PREMIER

LE PAYS; LES MŒURS, LES COUTUMES

Quoique réunies plus d'une fois sous un même souverain, quoique ayant eu la même langue et une religion presque semblable, Babylone et Ninive ne doivent pas être confondues dans l'étude de leurs coutumes et de leurs mœurs.

Babylone. — Celles de Babylone étaient plus douces, plus favorables à l'industrie et au commerce, quoique le courage ne manquât pas à ses habitants. Il faut remarquer du reste que les écrivains grecs ont pu les connaître mieux ou moins mal que celles de l'Assyrie, car Babylone subsistait encore à l'état de ville florissante au vi[e], au ve, et même au ive siècle, tandis que Ninive avait été entièrement détruite vers la fin du viie, plus de cent ans avant la naissance d'Hérodote. Celui-ci a visité Babylone, et, quatre siècles plus tard, elle avait encore un reste d'existence et des monuments considérables.

Agriculture. — L'agriculture occupait une grande place dans les ressources de ce pays. Le territoire babylonien était, comme nous l'apprend Hérodote, fertile en céréales, grâce à l'industrie de ses habitants, qui faisaient dériver de l'Euphrate quantité de canaux pour l'arrosage des champs; le plus étendu de ces canaux allait rejoindre le Tigre[1]. On ne voyait dans ce pays ni figuiers, ni

---

1. Qui lui-même rejoint l'Euphrate à quelque distance de là.

oliviers, ni vignes ; mais le froment et l'orge, le millet et le sésame y acquéraient un développement extraordinaire ; le sésame était la seule plante qui donnât de l'huile aux Babyloniens. La plaine de Babylone était couverte de palmiers, qui fournissaient aux habitants des fruits pour leur nourriture et la substance dont ils fabriquaient leur vin et leur miel. Ils faisaient aussi grand usage de poissons, puisque trois tribus de cette population en faisaient leur nourriture exclusive. On les desséchait au soleil, puis on les pilait dans un mortier, et de cette pâte on fabriquait des pains, que l'on cuisait au feu.

Commerce. — Le commerce de Babylone était alimenté par la navigation de l'Euphrate, qui, descendant de l'Arménie, y amenait des bateaux de dimensions très différentes, mais tous de forme ronde, sans distinction d'avant et d'arrière, et qui étaient construits avec des peaux tendues sur des branches de saule. La rapidité du fleuve ne permettant pas à ces bateaux de le remonter, on les dépeçait à leur arrivée, et l'on remportait ce cuir sur des ânes, afin d'en faire d'autres bateaux pour ramener de nouvelles marchandises. Babylone elle-même était fameuse par la fabrication de tapis et autres étoffes.

Costume et armes. — Le costume des Babyloniens consistait en une longue tunique de lin, descendant jusqu'aux pieds, et par-dessus laquelle on jetait une tunique de laine et un petit manteau blanc. Leur coiffure était une espèce de bonnet que les Grecs appelaient mitre. A la guerre, ils avaient des casques pointus, des cuirasses de tôle et des boucliers droits. Comme armes offensives, ils portaient des massues, des lances et des épées courtes.

Coutumes. — Il n'y avait pas de médecins à Babylone. On exposait les malades sur la voie publique, à l'effet d'obtenir des passants les renseignements que leur expérience avait pu leur fournir sur des cas semblables. Les morts étaient ensevelis dans du miel ; ils étaient pleurés publiquement comme en Égypte.

La coutume des anciens Babyloniens pour les mariages

était des plus étranges. On réunissait les jeunes filles : les belles étaient achetées par ceux qui voulaient les épouser, et du produit de cette vente on dotait celles qui étaient laides. Personne n'avait le droit de marier sa fille à son gré. Mais cette coutume ne subsistait plus au temps d'Hérodote.

Gouvernement et législation. — Le gouvernement politique, à Babylone comme aussi à Ninive, était purement monarchique. Il n'y a donc pas à en étudier la constitution ; mais on connaît depuis quelques années, par des inscriptions sur briques, découvertes dans ce pays, un certain nombre de coutumes et d'institutions civiles qu'il est curieux de noter. On les trouve exposées par M. Oppert, tant dans le congrès des Orientalistes, session de Vienne, que dans les *Bulletins* de l'Académie des inscriptions, et quelque peu aussi dans le *Journal asiatique* de 1880.

Certaines familles portaient le nom d'un ancêtre, ce qui donne lieu de penser qu'elles formaient un corps de noblesse ; tel est probablement le cas de ces *notables* qui figurent dans le tribunal chargé de prononcer sur la condition civile d'un personnage, au temps du roi Nabonid[1]. Il y avait aussi des castes (c'est-à-dire des groupes de familles) de prêtres et de magistrats[2] ; mais, de plus, diverses professions, de conditions sociales diverses, formaient des espèces de corporations, qui paraissent avoir été héréditaires, et dont le nom, joint à celui d'un personnage et de son père, servait à la désignation officielle de chacun : architectes, marchands de blé, changeurs, forgerons, tisserands, teinturiers, charpentiers, jardiniers. Je ne saurais dire à quelle époque remontait cette organisation administrative et civile, non plus que les lois et coutumes signalées par ces documents ; mais tous ceux que j'ai vus traduits sont du VIIe et du VIe siècle.

---

1. Le roi de Babylone que Cyrus fit prisonnier.
2. Il y avait aussi des *arbitres,* qui étaient peut-être, comme à Athènes, des espèces de juges de paix.

Les ventes étaient garanties par des témoins. La propriété pouvait, comme chez nous, exister dans des conditions diverses : individuelle ou par indivis, pleine et entière ou en usufruit, par héritage, acquisition ou testament [1]. Il est question dans plus d'un contrat, au temps des rois perses à Babylone, d'une dot en biens-fonds. L'intérêt de l'argent est élevé à un taux énorme : un des contrats que nous possédons mentionne celui de 6 pour cent par mois, ce qui, pour l'année, ferait environ les trois quarts du capital. Il est possible que ces conditions monstrueuses aient multiplié les esclaves pour défaut de payement, car la population servile ne se composait pas uniquement des captifs enlevés à la guerre. Le droit d'affranchissement était d'ailleurs reconnu au maître; et, si un esclave prétendait avoir été illégalement réduit en servitude, il pouvait réclamer sa liberté en justice. Les esclaves ou certains esclaves pouvaient d'ailleurs passer des conventions avec des hommes libres au sujet de l'emploi de leur pécule, et pour cela prendre des gages comme garantie de leurs intérêts : on en voit même recevoir en gage un autre esclave. On distinguait aussi les esclaves qui avaient le droit de se racheter.

Plusieurs de ces détails sont mentionnés dans l'exposé d'un procès qui eut lieu au temps de Nabonid. Un esclave, de la classe des *rachetables à prix d'argent*, avait revendiqué sa liberté, donnant pour preuve de sa condition libre qu'il avait paru comme garant ou sanction d'un accord (peut-être un mariage) entre un homme et une femme. Un prêtre, des notables et des juges royaux formaient le tribunal qui devait prononcer sur la cause. Cet homme, mis en demeure de prouver son dire, avoua qu'il avait menti pour se tirer d'affaire, à la suite d'une tentative d'évasion. Vendu à prix d'argent l'an 35 de Nabuchodonosor, il avait été donné à la fille de son

---

1. Il existe aussi un contrat de location à titre viager, dont le payement devra se faire en deux termes, soldés à l'avance. Certains actes spécifient que la réparation des bâtiments devra se faire aux frais du locataire.

maître en garantie de sa dot ; celle-ci l'avait vendu à son mari et à son fils[1], et, après la mort de cette femme, il avait été vendu encore à un homme de la tribu Egibi. Il fut donc maintenu par les juges dans l'état de servitude, mais de servitude conditionnelle et provisoire, puisque l'arrêt lui conserva sa qualité de rachetable. On voit ailleurs que des peines pécuniaires très sévères (jusqu'à douze fois la valeur du fonds) menaçaient celui qui intentait de mauvaise foi une revendication de domaine.

*
* *

Assyrie. — Les Assyriens paraissent avoir eu des habitudes beaucoup plus belliqueuses que les Babyloniens. Des guerres et même des conquêtes remplisssent une grande partie de leur histoire[2], tandis qu'on ne voit les Babyloniens combattre que pour défendre leur indépendance contre leurs voisins de l'est ou du nord : il est vrai qu'au sud et à l'ouest des déserts enveloppaient leur pays, et qu'à l'est une région montagneuse, la Susiane, ne leur offrait pas une proie facile.

Les inscriptions monumentales assyriennes sont surtout remplies par des bulletins de conquêtes ou des répressions de soulèvements ; il va sans dire que les échecs n'y sont point mentionnés, puisque le roi a seul la parole. On y remarque la cruauté que les rois ou certains rois se vantent publiquement d'avoir exercée envers les vaincus ; mais on y remarque aussi qu'ils n'avaient pas coutume d'exterminer ni même de détrôner une famille royale. Après avoir détrôné ou mis à mort un prince, ils laissaient l'administration de son pays à son héritier naturel. Ils avaient souvent à recommencer les mêmes

---

1. Ce qui montre qu'une femme, même mariée, pouvait avoir des droits civils.

2. Et cela pendant de longs siècles, où le fabuleux récit de Ctésias, probablement trompé par les courtisans ou par les écrivains perses, attribue à Ninive un empire immense et incontesté, ainsi que je vais l'expliquer.

conquêtes, en sorte qu'on serait fort loin de compte si l'on mesurait l'extension de leur empire au nombre énorme de leurs campagnes. Ils ne se sont jamais vantés, dans leurs inscriptions les plus fastueuses, d'avoir possédé la puissance immense que leur ont attribuée les Perses. C'est que les rois perses, se regardant comme leurs héritiers, voulaient bénéficier, pour le prestige de leur empire, de récits mensongers, inventés quand les peuples eurent oublié leur véritable histoire. Il est clair d'ailleurs que ces récits n'avaient pas été fournis aux Grecs par les Assyriens eux-mêmes, qui n'existaient plus, comme nation, depuis deux siècles, quand le Grec Ctésias, prisonnier de guerre, fut fixé comme médecin à la cour du roi de Perse et rédigea ces annales dont nous connaissons des fragments.

Les arts. — Les bas-reliefs assyriens nous montrent les rois de Ninive entourés d'une cour fastueuse. Ils nous font entrevoir aussi le goût de ces princes pour la chasse des grands fauves ; seulement il paraît qu'avant de s'élancer dans la campagne — ou dans des parcs — pour percer et terrasser des lions, ils avaient pris soin, je ne dis pas de leur faire limer les dents et les griffes, mais du moins de les énerver dans une étroite captivité.

Nous avons vu combien était élémentaire l'art de la navigation commerciale dans le bassin de l'Euphrate ; les monuments des Assyriens nous apprennent que ceux-ci savaient conduire sur les fleuves des navires ou des barques de guerre de forme un peu plus compliquée. Mais, pas plus que les anciens Égyptiens, ils ne paraissent avoir connu l'usage de machines savantes et usé d'autre chose que des bras nombreux d'ouvriers, ou de captifs, et sans doute aussi, comme en Égypte, de rouleaux et de plans inclinés, pour le transport et la mise sur pied des colosses qui décoraient leurs temples ou leurs palais. Cependant ils savaient construire et mouvoir des béliers et mantelets pour le siège des places : la sculpture assyrienne nous les montre en action.

*
* *

Gouvernement. — Le gouvernement était purement monarchique ; l'administration des provinces était confiée à de grands dignitaires, formant une série régulière, dont les titulaires donnaient chacun leur nom à une année du règne, en commençant ordinairement par le roi ; c'est ainsi que l'on peut distinguer, dans les pays du Sud où les Ninivites ont régné par intervalles, à quelle domination, assyrienne ou babylonienne, appartient la date de tel ou tel document civil. Si elle est exprimée par le nom d'un fonctionnaire, la date se réfère à la domination assyrienne ; au contraire, les textes babyloniens proprement dits sont toujours datés, comme en Égypte, du chiffre de l'année du règne. Les documents juridiques de l'Assyrie nous font connaître un bon nombre d'actes civils, spécialement des ventes d'immeubles, désignés par le débornement de chacun d'eux, et des ventes garanties par des témoins et enregistrées par un tribunal. Comme dispositions législatives ou coutumières, nous avons à signaler ce fait que de très fortes peines pécuniaires [1] au profit du possesseur, outre une amende pour un temple de la déesse Istar, menaçaient les contestations (sans doute les contestations non motivées) tendant à invalider une vente et à en reprendre l'objet. On apprend aussi que l'accumulation des intérêts d'une dette était reconnue au moins jusqu'au triple de la valeur du capital, jusqu'au double à Babylone, sous un roi assyrien. On voit par tout ceci que les principes du droit civil se ressemblaient assez dans les deux empires ; n'oublions pas que la langue était la même à Babylone et en Assyrie.

1. Jusqu'à dix fois la valeur de l'immeuble.

CHAPITRE II

L'ÉCRITURE CUNÉIFORME

Les caractères cunéiformes. — L'Europe possède à cette heure, et même depuis assez longtemps déjà, un nombre immense d'inscriptions sur briques et sur pierre, tracées en langue assyrienne. La difficulté de les comprendre ne résidait pas précisément dans la langue elle-même, très voisine de l'hébreu, mais dans le système d'écriture adopté à Ninive et à Babylone, système au moins aussi compliqué que celui de l'ancienne Égypte, mais bien plus laborieux encore à déchiffrer que les hiéroglyphes égyptiens; car, sauf des cas très rares, on n'arrive pas à se faire une idée des objets que les groupes de l'écriture assyrienne ont représentés primitivement.

Ce genre de caractères a reçu chez nous le nom de *cunéiformes,* parce qu'il est formé de traits qui ont la forme les uns de clous, les autres de coins à fendre du bois (en latin *cunei*), traits qui sont répétés, disposés et groupés de différentes façons. On ne s'étonnera pas de l'extrême variété de ces groupes quand on saura que, comme en Égypte, la plupart de ces caractères représentent des syllabes.

Leur déchiffrement. — Mais, ici comme en Égypte aussi, on est arrivé au déchiffrement au moyen d'inscriptions tracées en plusieurs langues; seulement, même sur ce point, la difficulté était plus grande. Ni la langue ni les caractères qui allaient servir d'intermédiaire pour cette opération n'étaient connus d'aucun savant au commencement de ce siècle. Pour la lecture de l'égyptien, la France a presque tout fait[1]; pour l'assyrien,

____

1. Sauf un travail important de l'Allemand Lepsius.

l'Allemagne, l'Angleterre et là France peuvent revendiquer chacune leur part; mais, pour la langue qui a été l'intermédiaire indispensable, c'est encore la France qui a eu la plus belle part, quoique l'Allemagne ait donné la première impulsion. Voici comment la chose s'est faite.

On avait découvert des inscriptions dont le système d'écriture est beaucoup plus simple, les caractères beaucoup moins variés, que ceux des Assyriens. L'une d'elles contient une liste de rois, représentant la famille des rois Achéménides, de la branche qui commence à Darius, fils d'Hystaspe. Comme on voyait aisément que chaque nom était répété dans deux membres de phrase consécutifs et accompagné d'un certain groupe toujours le même, et aussi d'un autre qui se trouvait partout excepté pour la première génération, M. Grotefend *devina* que cette inscription représentait une filiation royale, que les noms variés étaient les noms propres, que le groupe persistant représentait le mot *fils* et que celui qui manquait en tête signifiait *roi,* puisque le père de Darius n'avait pas porté la couronne. Comme on connaissait fort bien, par les auteurs grecs, cette généalogie, et que les noms répétés se trouvaient bien à leur place, il fut facile, une fois frappé de cette idée, de reconnaître chacun des noms. Et comme l'écriture des Perses, quoique cunéiforme, était, en général, *alphabétique,* on put arriver à reconnaître le son des caractères qui composent ces noms, quoique le grec n'en soit pas la transcription tout à fait exacte ; mais, une fois le premier pas fait, les autres mots qu'on déchiffra servirent à éclaircir les difficultés de lecture. J'ai dit que cette écriture n'était pas purement alphabétique. En effet, elle possédait une quarantaine de caractères. D, T, G, K, M, N, R, V, Z ont une forme différente quand ils sont suivis d'un U (prononcez *ou*), et J, D, M, V, Z quand ils sont suivis d'un I ; en outre, il y en a trois qui représentent des sons un peu plus compliqués, *Bum, Dah* et *Tr.*

On ne savait pas, il est vrai, la langue perse ; mais la lecture des mots fit connaître qu'elle était presque sem-

blable à celle de l'Avesta, c'est-à-dire des livres sacrés
de la religion de Zoroastre (voir livre V, p. 158), langue
qu'Eugène Burnouf, le fils de l'auteur de la grammaire
grecque, venait de découvrir à l'aide de sa ressemblance
avec le plus ancien sanscrit (langue de l'Inde ancienne)
et de la traduction de ces livres ou de l'un d'eux en sanscrit ordinaire. Or, comme on possède, en assyrien et en
perse [1], plusieurs textes, dont un texte historique fort
long, l'inscription de Behistoun, dans l'ancienne Médie,
on put passer de l'un à l'autre. L'hébreu rend aussi
facile la traduction de l'assyrien, une fois déchiffré, que
le copte avait rendu facile (relativement, bien entendu)
la traduction de l'égyptien.

*
* *

Mais comment a-t-on pu passer de la lecture du perse
à celle de l'assyrien? Voici, résumée en peu de mots,
l'explication qu'en donne M. Oppert, qui y a contribué
largement.

Il faut distinguer les syllabes simples, composées d'une
voyelle et une consonne, des syllabes complexes, composées d'une voyelle entre deux consonnes. Or pour les
premières, toutes, excepté une [2], se rencontrent dans des
noms propres connus (d'hommes ou de lieux), et comme
on pouvait lire ces noms en perse, on reconnut ces syllabes en assyrien. De plus, les Assyriens exprimaient très
souvent les syllabes complexes par deux syllabes simples
(comme *pal* écrit *pa-al*). On est arrivé ainsi à les lire, et
quand on a trouvé ailleurs, dans le mot correspondant
au même mot perse, la syllabe complexe exprimée par
un seul caractère, on a pu lire ce caractère nouveau. Ce
progrès était favorisé par deux circonstances : 1° des

1. Et aussi dans une troisième langue, écrite en cunéiformes et
qui était parlée en Médie. (Voir livre V.)
2. Quand a été rédigée l'*Expédition en Mésopotamie* de M. Oppert.

formules qui se retrouvent *souvent* et où des mots étaient écrits tantôt en syllabes simples, tantôt en syllabes complexes, procuraient ces rapprochements ; 2°. certains caractères spéciaux indiquant que l'on va lire un nom d'homme, de roi, de ville, de pays, de fleuve, ou encore représentant par un seul groupe les mots dieu, père, mère, fils, frère, appelaient l'attention sur ces mots, qui, faciles à assimiler du perse à l'assyrien, servaient à passer d'une lecture à l'autre, d'autant plus que ces mêmes mots se retrouvent aussi exprimés, je ne dirai pas en toutes lettres, mais en toutes syllabes.

A côté de cela se trouve une difficulté très grande, dont je n'ai pas encore parlé : c'est qu'un même caractère représente deux ou plusieurs *sons* divers. Des caractères expriment tantôt des sons purement syllabiques, tantôt une idée, ou bien encore l'une des valeurs est tirée de la langue des Sumériens, anciens habitants de la Babylonie orientale, et l'autre de la langue babylonienne proprement dite ; par exemple un même caractère se lit *an,* qui signifiait *dieu* en langue sumérienne, et se lit aussi *il,* parce que le nom de la divinité en babylonien est Ilou.

CHAPITRE III

LES CROYANCES

Babylone. — La religion babylonienne, à laquelle celle de Ninive était presque en tout semblable, et avec laquelle se confondit peu à peu celle des Sumériens, avait un assez grand nombre de divinités, parmi lesquelles on distinguait des dieux supérieurs. En général, elles présidaient chacune à un grand objet ou à un grand phénomène de la nature physique ; mais plusieurs avaient aussi des attributs de l'ordre moral : justice, miséricorde, bienfaisance ; il y avait encore des génies, bons ou mé-

Cylindres babyloniens.

chants, d'ordre inférieur. Les dieux qui figuraient en tête de cette mythologie étaient Anou, Bel et Ea ; ce dernier se trouvait sous le même nom dans la mythologie sumérienne. Quelques-uns ont pensé que tous les trois avaient été créés par la volonté d'un dieu supérieur à tous les dieux, Ilou, le puissant, le *dieu* par excellence, n'ayant pas de dénomination mythologique proprement dite ; mais il paraît que, du moins dans les temps historiques, la population assyro-babylonienne ne le connaissait pas.

Anou était le dieu du monde céleste et le seigneur des esprits ; Bel, qui rappelle par son nom et son rang le Baal des Phéniciens, a été appelé le père des dieux ; il était l'organisateur du monde. Ea, dieu de l'abîme des mers, révélateur de la sagesse et de la civilisation, celui qui, sous la forme d'un homme-poisson, l'enseigna en Babylonie, est celui que, lors de la domination macédonienne en Asie, on appela en grec Oannès. Il était la lumière intelligente qui fait vivre le monde, sa loi suprême et mystérieuse. On l'a aussi appelé *Nisrouk*.

*
* *

Oannès. — Voici comment Bérose, prêtre chaldéen, qui vivait quelque temps après la conquête d'Alexandre, ou plutôt l'abréviateur de cet écrivain, a raconté les apparitions d'Oannès.

« Un grand concours de peuple, appartenant aux races diverses qui habitaient la Chaldée, vivait à Babylone, sans lois, comme les bêtes de la campagne. Dès la première année apparut, dans cette partie de la mer Érythrée qui baigne la Babylonie[1], une créature douée de raison, nommée Oannès, dont le corps entier était celui d'un poisson ; sous sa tête de poisson il avait une autre tête, et il avait, en dessous de sa queue, des pieds sem-

____

1. C'est-à-dire au fond du golfe Persique.

blables à des pieds d'homme. Sa voix et son langage
étaient humains. On a conservé sa représentation jusqu'à
ce jour.

« Cet être avait coutume de passer la journée parmi
les hommes, mais il ne prenait alors aucune nourriture ;
il leur enseigna les lettres, les sciences et les arts de
toute espèce. Il leur apprit à construire des maisons, à
élever des temples, à former un corps de lois, et il leur
exposa les principes de la géométrie. Il les instruisit à
distinguer les semences des diverses plantes, à faire des
récoltes de fruits, bref, en tout ce qui pouvait tendre
à l'adoucissement des mœurs et à la civilisation. De
longtemps rien n'y a été ajouté pour réformer ses ins-
tructions. Quand le soleil était couché, cet Oannès avait
coutume de se retirer dans la mer et de passer la nuit
dans l'abîme, car il était amphibie. Plusieurs animaux
semblables parurent après lui. »

Une légende bien plus bizarre encore, concernant l'o-
rigine, non plus de la civilisation, mais du monde, a été
racontée par le même auteur. « Il fut un temps, dit-il, où
rien n'était que les ténèbres et les eaux, qui contenaient
des animaux étranges. Il y avait des hommes à deux
ailes et à quatre ailes, des hommes à deux visages, des
hommes ayant un corps et deux têtes. D'autres avaient
des jambes de chèvres et des cornes, d'autres encore des
pieds de cheval. Il y en avait aussi qui étaient hommes
par devant et chevaux par derrière. Il y avait des taureaux à tête humaine, des chiens à quatre corps, ayant
des queues de poisson, des chevaux à tête de chien, etc.
Il y avait aussi des poissons et des reptiles étranges,
dont on voit la représentation dans le temple de Bel. La
souveraine de tout ce monde était Omoroca[1], appelée en
chaldéen Thavath.

« Bel parut, qui coupa cette femme par la moitié ; de
l'une des moitiés il fit la terre, et de l'autre le ciel ; il fit
disparaître tous ces animaux. Ce dieu se coupa lui-même

1. *Oum-Ourouk*, la mère de la ville d'Ourouk, dit M. Lenormant.

la tête; le sang qui coula, mêlé à la terre, forma les hommes; c'est pour cela qu'ils sont intelligents et participent même à la sagesse divine. »

Suivant une autre variante, Bel, ayant ouvert les ténèbres, sépara la terre et le ciel; il constitua le monde, et les animaux qui ne pouvaient supporter la lumière périrent. Bel, voyant que la terre était déserte, mais fertile, ordonna à l'un des dieux de lui enlever la tête, de pétrir la terre avec le sang qui coula et de former les hommes et les animaux qui peuvent vivre à la lumière; Bel lui-même forma les astres, le soleil, la lune et les cinq planètes.

*
* *

Les dieux babyloniens. — On peut aller assez loin dans l'étude des attributions de ces dieux, en réunissant les titres qui leur ont été donnés. Anou, le dieu céleste, est appelé (comme Bel) père des dieux; mais il est aussi seigneur du monde inférieur, seigneur des ténèbres, maître des trésors cachés; en un mot c'est une sorte de Pluton; mais on a aussi appelé Pluton le Jupiter souterrain; dans l'un et l'autre cas on peut reconnaître l'idée d'une puissance suprême universelle. La même idée est comprise dans le nom de Bel, puisqu'il signifie seigneur (par excellence), et qu'il est appelé non seulement père des dieux, mais prince des dieux. Il est à la fois roi des esprits, seigneur du monde et de chacun des pays qui le composent, spécialement de Babylone et de Ninive. Ea, que l'on prononce aussi en assyrien *Aouv*, est Salman (sauveur), le guide intelligent, le seigneur du monde visible et plus particulièrement de la mer, le seigneur de la science, de la gloire et de la vie.

Chacun de ces grands dieux a une épouse ou dédoublement de lui-même : Anat pour le premier, Belit pour le second, et Davkina pour le troisième; ce dernier nom est purement sumérien : il n'a pas de sens en assyrien; c'est une des traces les plus manifestes de la pénétration de cette religion étrangère dans celle de Babylone.

Chaque dieu de cette triade a donné naissance à un

Colosses en haut relief de Khorsabad.

fils, qui a des attributions beaucoup plus limitées. Bin, fils d'Anou, est le dieu de l'atmosphère. Sin, fils de Bel, est le dieu de la lune, et Samas, fils de Nisrouk, est le dieu du soleil. Ce qui est bizarre, c'est que l'honneur rendu aux premiers étant représenté par ces chiffres : 60 pour Anou, 50 pour Bel, 40 pour Nisrouk, l'ordre était différent pour leurs fils : 30 pour Sin, 20 pour

Samas, 6 ou 10 pour Bin. La supériorité mythologique de la lune sur le soleil n'est pas moins curieuse ; il paraît certain que c'est encore une importation sumérienne ; d'ailleurs elle n'est pas sans exception. On retrouve aussi cette influence dans le culte de la déesse Istar, déesse très puissante et qui, contrairement aux idées de la mythologie assyro-babylonienne, n'était généralement considérée comme l'épouse d'aucun dieu.

Tout ceci représente la croyance des savants de Babylone ; mais, dans la pratique, les dieux qui étaient surtout vénérés, c'étaient Mardouk ou Mérodach à Babylone, et Assour en Assyrie ; chacune des cités restées moins célèbres avait aussi son dieu spécial, au moins en Babylonie. Istar était particulièrement adorée à Ninive et à Arbèles. Mardouk a été souvent confondu avec Bel ou avec le dieu du soleil.

Quand la religion babylonienne prit un caractère plus astrolatrique, Adar-Samdan fut le dieu de la planète Saturne ; Mardouk, de Jupiter ; Nergal, de Mars ; Istar, de Vénus, et Nébo, de Mercure ; divinités qui, dans la mythologie gréco-latine, ont des attributions analogues à celles que nous venons de reconnaître dans les dieux correspondants de Babylone. Mais il ne faut pas oublier que l'astrologie pénétra chez les Grecs par une influence babylonienne.

Titres des dieux à Ninive. — En Assyrie, le dieu suprême était Assour, qui n'avait ni compagne ni égale : c'est par une rare exception que l'on nomme une Assourit. C'est au nom d'Assour que les rois assyriens déclarent la guerre ; c'est lui qui leur donne la victoire ; c'est à lui qu'ils prétendent soumettre leurs ennemis vaincus ; mais, là comme à Babylone, l'idée d'un dieu unique n'est que très vaguement indiquée ; cependant Assour porte le titre de roi des dieux. On trouve, dans ce pays, divers dieux mentionnés dans des inscriptions historiques avec des attributions variées ; sauf Assour lui-même, ce sont les dieux de Babylone. Voici un exemple de ces textes ; il se trouve dans une inscription de Tuklat-Pal-Asar :

« *Assour*, le grand seigneur, *qui dirige les légions des dieux*, qui donne le sceptre et la couronne, qui a institué la royauté.

« *Bel-Dagan*, maître, *roi de l'univers*, dieu Announaka, *père des dieux.*

« *Sin*, le saint.

« *Samas*, arbitre du ciel et de la terre [1], qui détruit les desseins des ennemis.

« *Ao* (Aouv), le gardien, qui inonde les districts des ennemis, les monts et les vaux.

Ninip [2]-*Samdan*, le héros qui punit les adversaires et les ennemis, qui fait retrouver le courage.

« *Istar*, la souveraine des dieux, la reine de la victoire. »

En tête d'un grand texte, écrit au nom d'Assour-Nasir-Habal, Adar-Samdan, le dieu guerrier que nous venons de voir, est ainsi désigné : « le *suprême*, le *chef des dieux*, le terrible... enfant de l'empyrée (ciel supérieur), qui *surveille le centre du ciel et de la terre*, qui *ouvre les canaux*, qui soumet la vaste terre,... indicateur (de la route?) du soleil boréal, resplendissant, seigneur des seigneurs, dont la main s'étend sur les *profondeurs* du ciel et de la terre, l'inspecteur, roi des combats,... le fort qui *ne pardonne pas*, dont l'*œuvre est la ruine*, qui saccage le pays des rebelles,... qui ne change pas ses intentions, la *lumière* du ciel et de la terre,... qui asservit l'iniquité,... qui, dans le langage des dieux, se nomme le dieu que personne ne blesse. »

Ce texte est curieux et important. On y voit, en effet, que le peuple belliqueux et cruel de l'Assyrie identifie le dieu des combats avec le maître du monde entier, que ce maître est, à ses yeux, impitoyable ; très proba-

---

1. Il paraît placé ici au-dessus de Sin ; mais le texte est assyrien et non babylonien.

2. Ou plutôt *Adar*, comme lisait, non sans motif, M. Lenormant. J'ai expliqué un peu plus haut comment des différences de lectures sont admissibles, au moins pour les noms propres, sans qu'il y ait incertitude du sens.

blement toute résistance à l'empire assyrien était considérée, à Ninive, comme une impiété. A Babylone, le dieu guerrier fut communément appelé *Nergal*.

Dans les deux contrées, on adorait Nébo comme dieu de l'intelligence ; il le fut surtout de l'inspiration prophétique ; mais il est aussi « le dieu qui surveille les légions du ciel (les étoiles) et de la terre, capitaine de l'univers,... ordonnateur des œuvres de la nature, qui fait succéder le lever du soleil à son coucher » (en sorte que le monde ne reste pas dans les ténèbres). Il est donc le dieu de la lumière intellectuelle et physique, mais on peut dire aussi que, dans sa personne, on entrevoit une fois de plus l'idée d'une divinité suprême et universelle, bien que certaines attributions spéciales lui soient reconnues.

Morale. — Si maintenant nous passons à un autre aspect de la question qui nous occupe, c'est-à-dire à la relation entre les croyances religieuses et les croyances morales, et à leur sanction dans l'autre vie, nous aurons de tristes résultats à constater. La morale de Babylone était si dépravée que le nom de cette ville est devenu proverbial pour désigner un pays corrompu. A Ninive, on a vu le roi se vanter des cruautés les plus abominables exercées contre des prisonniers de guerre.

*
* *

La vie future. — Les Babyloniens croyaient à l'immortalité de l'âme ; mais voici comment on a décrit chez eux le séjour des morts, *sans distinction* d'hommes vertueux et de coupables. C'est « la demeure obscure, la demeure d'où l'on ne sort pas quand on y est entré[1],... la demeure dont les habitants sont privés de lumière, l'endroit où l'on a de la poussière pour nourriture et de

---

1. Sauf le cas de la résurrection ; voir le paragraphe suivant et le chapitre suivant.

la boue pour aliment,... où l'on est couvert, comme les oiseaux, d'un vêtement de plumes; sur la porte et les verrous, de la poussière est répandue. »

Nous savons cependant que certaines qualités d'un ordre véritablement moral sont attribuées à divers dieux, considérés dans le gouvernement du monde. On a eu recours à leur protection, à leur bienfaisance, même à leur miséricorde. Mais nulle part, que je sache, on ne leur demande ni leur assistance pour faire le bien ou éviter le mal, ni le bonheur dans une autre vie. Certains d'entre eux peuvent avoir été présentés comme personnellement honnêtes; mais aucun ne dit aux hommes, comme le nôtre : « Soyez saints, parce que je suis saint. »

Voici des exemples du sentiment religieux chez les Babyloniens.

*
* *

Prières. — Un hymne au soleil contient ces mots : « O dieu soleil, tu es le *juge* du monde; ô seigneur de la création vivante, tu es le dieu *miséricordieux* du monde. O dieu soleil, *purifie* et *illumine* aujourd'hui le roi, fils de son dieu. Que tout ce qui produit le mal en son corps soit éloigné... Tu es dans le ciel la rectitude éternelle. Tu es la *justice*, tu es le lien des oreilles du monde[1]. Tu connais le *bien*, tu connais la *perversité*. O dieu soleil, la rectitude a levé son pied. O dieu soleil, la perversité a été tranchée comme par un couteau. O dieu soleil, tu es ministre d'Anou et de Mul-lil[2]. O dieu soleil, tu es le juge suprême du ciel et de la terre. »

On lit dans un hymne à Mérodach : « O seigneur du monde, premier-né d'Ea, puissant dans le ciel et sur la terre, puissant seigneur du genre humain, roi du monde, *dieu des dieux*, prince du ciel et de la terre, qui n'as point

---

1. Le texte sumérien dit plus clairement : « Tu es le lien de la terre. » Ce morceau et ceux qui vont suivre sont pris dans une traduction anglaise de M. Sayce.

2. Dieu sumérien, qu'on a identifié à Bel.

de rival, *compagnon* d'Anou et de Mul-lil[1], *miséricordieux*
parmi les dieux, miséricordieux qui aimes à donner la
vie aux morts. » Et plus loin : « Miséricordieux parmi
les dieux, miséricordieux qui aimes à rendre la vie aux
morts, Mérodach, roi du ciel et de la terre tout à la fois,
je célèbre ton nom, je proclame ta majesté. Que les
dieux exaltent la mémoire de ton nom, qu'ils te glorifient
et t'exaltent. Expulse la maladie du malade. »

L'idée morale et le sentiment pieux paraissent mieux
empreints encore dans cet autre morceau, où le nom
mythologique ne se trouve pas; il est adressé à une
déesse : « Ton serviteur te demande le repos. Tu murmu-
res au cœur de celui qui a péché des paroles de béné-
diction; tu regardes l'homme, et il vit. O souveraine
du monde, maîtresse du genre humain, toi qui as de
la compassion, dont le pardon est prêt, qui acceptes la
prière; » et le prêtre ou le suppléant ajoute : « O dieu et
déesse mère qui êtes irrités contre lui, il vous invoque;
tournez votre visage vers lui et prenez sa main. »

Autre invocation d'un prêtre pour un homme désolé : « Il s'est assis dans sa lamentation, avec des cris
d'angoisse et le trouble du cœur, des pleurs douloureux,
une lamentation douloureuse. Comme une colombe, il
gémit amèrement nuit et jour; il mugit comme une gé-
nisse; il élève une lamentation dans sa douleur; il pros-
terne devant son dieu son visage dans la prière. » Et le
fidèle ajoute : « Que je déclare mon action, mon action
qui ne peut être déclarée; que je répète un mot qui ne
peut être répété. »

1. Ainsi le Dieu des dieux a parmi eux des compagnons !

CHAPITRE IV

LES SCIENCES ET LA POÉSIE

L'astronomie et les mathématiques. — Disons maintenant quelques mots de la science babylonienne, si fameuse dans l'antiquité, mais beaucoup plus fameuse par la superstition en laquelle elle a dégénéré que par elle-même.

De très bonne heure on a observé les astres dans les plaines du bassin inférieur de l'Euphrate ; mais, faute d'instruments et faute aussi d'une connaissance suffisante des mathématiques, les habitants de ce pays n'ont jamais pu arriver à ce qu'on appelle aujourd'hui une astronomie scientifique. De bonne heure aussi l'on fut infatué, dans ce pays, de l'idée extravagante que de la position des planètes dans le ciel, lors de la naissance d'un enfant ou lors d'un événement public ou privé, dépendait le sort de l'enfant ou l'issue d'une entreprise. C'est ce qu'on appelle l'astrologie, et il faut avouer qu'il n'y a pas beaucoup de temps encore que cette folie n'a plus du tout de partisans chez les peuples européens.

Les calculs d'arithmétique étaient pratiqués, et les divisions régulières des poids et mesures étaient usitées dans cette région. L'unité de mesure, que l'on appelle la coudée, était la même (52 centimètres et demi) à Babylone qu'à Memphis ; à Ninive, elle était un peu plus longue. La base du système était 60, c'est-à-dire qu'en multipliant une mesure par ce nombre on arrivait à une division supérieure[1]. Le jour était de 12 heures ou plutôt de 12 doubles heures, si l'on entend par *jour* l'intervalle entre deux levers consécutifs du soleil, car les Babyloniens comptaient par mesures simples et doubles. Mais la numération écrite, c'est-à-dire l'emploi des chiffres,

---

1. Mais il y avait, entre les deux, une multiplication par 10.

était fondée, comme chez nous, sur le système décimal. Seulement pour arriver à 9 on répétait le chiffre 1 autant de fois qu'il le fallait [1], on répétait le chiffre 10 pour répéter les dizaines, et pour exprimer les centaines on groupait de nouveau des chiffres d'unités à la gauche des dizaines, comme celles-ci à la gauche des unités, l'écriture assyrienne se lisant de gauche à droite, contrairement aux écritures des langues de la même famille, qui se lisent de droite à gauche.

Le pied assyrien était les trois cinquièmes de la coudée.

*
* *

Les hymnes. — On ne connaît pas ou presque pas d'œuvres littéraires de ce pays qui ne touchent à ses conceptions mythologiques. Nous avons vu quelques exemples d'hymnes dans le chapitre précédent, où nous avons cherché à reconnaître s'il n'y a pas quelques idées morales dans cette littérature ; mais les productions religieuses du genre lyrique sont nombreuses et variées, même en laissant de côté les formules dites magiques, par lesquelles on cherchait à écarter l'action des mauvais génies. Voici quelques morceaux d'autres hymnes, pour lesquels j'emprunte la traduction publiée récemment par M. l'abbé Loisy.

Sin, le dieu-lune, a été, dans quelques cités du moins, considéré comme le dieu souverain ; voici en quels termes magnifiques on le trouve célébré :

« Père miséricordieux et patient, dont la main soutient la vie dans tout le pays, Seigneur, ta divinité, comme les cieux lointains, la mer immense, est pleine de majesté,... toi qui prédestines à la royauté, qui donnes le sceptre, qui fixes le destin pour les jours éloignés ! Chef puissant, dont le cœur profond n'est pénétré par aucun dieu,... qui brilles depuis la base des cieux jusqu'au som-

---

1. En le déformant un peu, au-dessus du chiffre 3.

met des cieux, qui ouvres la porte des cieux et qui amènes la lumière ; Père, qui as produit l'univers,... Seigneur, qui établis les lois du ciel et de la terre, à l'ordre duquel nul ne résiste... Dans les cieux, qui est sublime ? *Toi seul* es sublime !... Toi ! ta volonté tombant d'en haut comme l'ouragan, féconde le pâturage et la prairie... Toi ! ta volonté fait naître la justice et l'équité ; les hommes proclament le droit. Toi ! ta volonté est le ciel lointain, la terre profonde, qui est impénétrable à tous ! »

Mais ailleurs le soleil est exalté en termes analogues : « Samas, quand tu sors de la base des cieux pour éclairer le ciel et la terre, plongés dans l'obscurité, les grands dieux se lèvent devant toi... Samas, tu surgis à la base des cieux, tu tires le verrou des cieux brillants ; tu ouvres la porte des cieux ; Samas, tu lèves la tête sur le pays, tu couvres de splendeur la terre et les cieux, tu penches ton oreille vers l'humanité. »

Un peu plus loin, le traducteur ajoute : « Samas, qui voit tout, juge tout, et, en sa qualité de juge universel, il exècre les méchants, il est le défenseur des faibles. — Au juge inique tu montres des chaînes ; à celui qui reçoit des présents, au pervers, tu imputes son péché. Celui qui ne reçoit pas de présents, qui prend en main la cause du faible, est agréable à Samas... Samas, tu écoutes la prière, la demande et la supplication ;... le misérable, le faible, l'opprimé, le pauvre, ont recours à toi ; celui qui est loin de sa famille et de son pays,... le pâtre a recours à toi. »

On voit ici la réunion de la magnificence et de la justice dans la personne de l'astre. Rimmon, le dieu de l'orage, est spécialement terrible ; voici comment on célèbre sa puissance : « Il est le dieu maître de l'ouragan. Quand il se fâche, les cieux sont ébranlés ; quand il s'irrite, la terre tressaille. Au bruit de sa colère, de sa fureur, au grondement de son tonnerre, les dieux des cieux montent dans les cieux, les dieux de la terre descendent dans la terre. Samas descend sous l'horizon, Sin monte au-dessus du zénith. » Ici, on le voit, ces astres, représentés ailleurs comme exerçant la puissance suprême, tremblent devant un autre dieu, qui se présente sous un autre nom et sous une autre forme. Plusieurs noms représentent donc une puissance suprême.

Décidément ces gens-là, du moins les poètes, ne sont pas tout à fait aussi polythéistes qu'ils en ont l'air. Mais il n'y a pas seulement un dieu qui préside à l'orage ; il y a aussi sept mauvais esprits, sept méchants dieux, comme on les appelle : « Ils sont sept au ciel, ils sont sept sur la terre,... ils ne savent pas faire le bien, ils n'écoutent ni prières ni supplications. Ce sont des chevaux qui ont grandi dans la montagne ; ce sont les ennemis d'Ea ; ce sont les messagers des dieux ; ce sont eux qui marchent devant Nargal. » C'est que Nargal non plus n'était pas tendre.

*
* *

Enfin voici comment on a célébré Mardouk (Mérodach), qui fut, à une certaine époque, le grand dieu de Babylone. « Je célèbre ton nom, Mardouk, *le plus puissant des dieux* [1], prince du ciel et de la terre, qui as été créé (*sic*) parfait, qui es *seul* sublime... Dans les cieux, tu es sublime ; sur la terre, tu es roi, sage conseiller, qui rends les contrées habitables, qui maintiens les extrémités du firmament. Tu es auguste parmi les dieux, Ea t'a engendré. Les *grands dieux* ont *remis en tes mains* la direction des destinées ; ils ont embrassé tes pieds, ils t'ont adressé *leurs prières.* »

Et on lit, dans un autre hymne au même dieu : « C'est toi qui donnes la vie,... c'est toi qui donnes la santé. Tu es bienfaisant entre les dieux ; tu te plais, dans ta miséricorde, à ressusciter les morts. Mardouk, roi des cieux et de la terre, je loue ton nom, j'exalte ta magnificence. Que les dieux célèbrent ton nom, qu'ils proclament ta grandeur. » Ici encore on laisse entrevoir l'espérance d'un retour à la vie.

1. En voilà un de plus.

Le sentiment et même le talent de la poésie lyrique sont manifestes dans ces compositions; mais Babylone nous a aussi laissé de véritables poèmes.

* *
*

Les poèmes. — Le plus connu est celui qui raconte la descente d'Istar aux enfers [1], pour obtenir ou imposer le retour à la vie de Tammouz, l'Adonis babylonien. L'entreprise échoue d'abord et même tourne mal pour Istar, qui est retenue captive dans le séjour des morts. Mais grâce à l'intervention souveraine d'Ea, provoquée par le dieu Sin, Istar recouvre la liberté, et Tammouz la vie. Il y a encore une poésie où il est question d'un désordre mis dans le monde astronomique par les sept méchants esprits. Ce morceau ne nous est pas parvenu tout entier, et l'on est réduit à en deviner la fin; on y soupçonnerait presque un comique irrévérent.

Bel s'est entendu avec Anou et avec Ea; connaissant l'attitude hostile des sept mauvais esprits, il a confié le gouvernement du ciel à Sin, Samas et Istar; mais Sin devient l'objet de l'attaque des rebelles anarchistes. Ils veulent l'empêcher de briller [2], et « ils mettent de leur côté le *brave* Samas et le vaillant Rimmon »; en d'autres termes, ces deux *braves* abandonnent leur poste en pactisant avec l'ennemi. Il faut que, sur l'appel de Bel, Ea envoie son fils Mardouk au secours de Sin opprimé. Quant à Istar, elle s'était repliée auprès d'Anou, qui paraît garder une neutralité plus que prudente.

Mais avec ces petites compositions nous trouvons deux grands poèmes : l'un décrit la formation du monde,

1. C'est là que se trouve la description, citée plus haut, de ce séjour.

2. M. Loisy pense qu'il s'agit de l'obscurité qui précède la nouvelle lune. M. Sayce m'a paru donner de bonnes raisons pour admettre qu'il s'agit du phénomène de l'éclipse.

et l'autre est une véritable épopée, dont le récit du déluge est un épisode.

Au début du premier, on lit une description du chaos : « Lorsqu'il n'y avait rien en haut qui s'appelât ciel, rien en bas qui eût le nom de terre, l'Abîme primordial, leur père, et la Confusion-Océan (Tihavti), leur mère, mêlaient ensemble leurs eaux. Il n'y avait pas de sol productif; pas un roseau ne poussait. Quand il n'existait aucun dieu, quand il n'y avait aucun nom prononcé, aucun destin fixe, les dieux furent produits. »

Quelle est l'origine de ces dieux? on ne le dit pas, semble-t-il; il est vrai que le texte est mutilé; mais on reconnaît au moins qu'Anou ne vient pas le premier : on trouve avant lui des personnages qui ne paraissent, à ma connaissance, dans aucun hymne, avec ce rôle du moins, car ailleurs ils sont issus d'Anou lui-même. Mais la Confusion-Océan est, comme nous le verrons tout à l'heure, la Thavath dont nous avons parlé plus haut (p. 121).

Cette puissance mauvaise résiste à Anou, fait reculer Ea. Alors Mardouk va l'attaquer à son tour. Le ciel est créé; Mardouk est installé dans le sanctuaire de la *souveraineté;* ses ordres seront ceux d'Anou (qui conserve un rang théoriquement supérieur), et ils seront obéis par tous les dieux; il présidera l'assemblée divine. Mais maintenant il va livrer bataille à Tiamat (*Tihamti* ou *Tihavti*).

« Il fit un arc et le choisit pour arme; il se chargea d'un javelot. Le dieu éleva l'arme; il la mit dans sa main droite; il suspendit à son côté l'arc et le carquois. Il mit devant lui l'éclair; il couvrit tout son corps d'une flamme ardente. Il fit un filet pour envelopper Tiamat par le milieu, et, pour qu'elle ne pût échapper [1], il retint les quatre vents : vent du sud, vent du nord, vent d'est et vent d'ouest. Il prit à son côté le filet, don de son père Anou; il fit un ouragan, un vent funeste, une tempête, un tourbillon, les quatre vents, les sept vents, une tempête furieuse, un ouragan sans pareil. Il fit marcher les sep-

---

1. Mot douteux, selon M. Loisy.

vents qu'il avait faits. Pour confondre Tiamat, ils se précipitèrent derrière lui. Et le Seigneur leva la foudre, sa grande arme, et il monta sur un char, œuvre incomparable, effrayante. Il s'y installa et il y attacha les quatre rênes. »

Après un moment de terreur et d'effarement, Tiamat amène au combat les dieux de son parti. « Le Seigneur étendit son filet ; il enveloppa Tiamat. Il fit passer devant lui l'ouragan, et, comme Tiamat ouvrait la bouche pour le dévorer, il y fit pénétrer l'ouragan pour qu'elle ne refermât point ses lèvres ; il remplit son ventre de souffles puissants, il lui fendit le ventre...; il la saisit et lui ôta la vie ; il jeta bas son cadavre et se tint debout sur elle... Il dispersa ses soldats, il détruisit sa troupe. Les dieux, ses auxiliaires, qui marchaient à ses côtés, pris de frayeur et d'épouvante, voulaient prendre la fuite ; il les épargna et leur fit grâce de la vie ; les ayant entourés d'une barrière impossible à franchir, il les enferma et brisa leurs armes. Ils étaient jetés dans un filet, ils habitaient dans des rets. Toutes les régions du monde étaient remplies de leurs gémissements. »

Un peu plus loin Mardouk tranche la tête de Tiamat abattue ; *il coupe son corps en deux,* d'une moitié il forme *la voûte du ciel,* qu'il donna pour demeure à Anou, Bel, Ea, et bâtit les demeures des grands dieux.

« Il rangea les étoiles, leurs images en constellations ; il régla l'année, il traça les signes, il établit douze mois ; » il donna à la lune la mission de les régler. Vient ensuite, mais dans un passage très mutilé, la création, par les dieux, des animaux qui vivent sur la terre ; la fin du poème, ou du moins la dernière partie qu'on en ait retrouvée, est une sorte d'hymne en l'honneur de Mardouk.

*
* *

L'autre épopée dont je parlais se passe presque en entier sur la terre, bien que les personnages n'en soient pas purement humains. Elle est assez longue, et je me bornerai à en donner l'analyse, avec quelques citations ; mais ce qu'on vient de lire suffisait pour faire reconnaître la grandeur de la pensée et de l'image dans la poésie de la région babylonienne.

La ville d'Ourouk ou Erekh[1] était assiégée et réduite à l'extrémité. Bel veut la secourir, et pour cela il fait choix de Ghildamès[2]. Cependant la lutte continue ; toute la population est en campagne. Alors Anou crée, en faisant pétrir de la terre par les mains de la mère du héros, un personnage, Eabani, au corps couvert de poils, qui se joint à Ghildamès conformément à l'avis de Samas. Le prince ennemi d'Erekh est vaincu et tué. Les deux amis ont ensuite à combattre un taureau merveilleux créé par Anou ; Istar, irritée contre Ghildamès qui a refusé de l'épouser, a obtenu du dieu cet instrument de sa vengeance ; mais le taureau succombe : Eabani l'empoigne par la queue et le maintient ainsi, pendant que Ghildamès perce la poitrine de ce redoutable animal : le dieu et la déesse en sont décidément pour leurs frais.

Mais ils sont bientôt à demi vengés. Eabani meurt de maladie ; Ghildamès, désolé et craignant un sort semblable, va consulter Samasnapistim, son ancêtre, qui vit toujours, mais vit retiré dans une contrée lointaine. Pour y arriver il faut voyager dans un pays inconnu, plein de dangers et d'épouvante ; il trouve un passage gardé par un homme-scorpion, dont le dos touche au ciel et la poitrine à l'enfer et dont le regard seul est mortel. Mais celui-ci ouvre lui-même à Ghildamès la porte du chemin

1. Ce nom est celui que lui donne l'Écriture ; les Grecs l'ont appelée Orkhoé ; c'est aujourd'hui Warkha ou Irkah. En arabe comme en hébreu, c'est la tradition qui a fixé la prononciation des voyelles.

2. Le nom du héros de cette œuvre avait d'abord été lu *Isdubar* et *Guidubar*. On paraît arrêté aujourd'hui à lire Ghildamès ; on s'explique la possibilité de ces tâtonnements pour les noms propres, en se rappelant les lectures multiples d'un même caractère assyrien, et en observant que là le sens de la phrase ne décide pas de la lecture, comme pour les mots ordinaires.

dont la garde lui est confiée : il a reconnu en lui un être plus qu'humain : dieu par les deux tiers, homme pour un tiers, lui a dit sa femme. Ghildamès poursuit sa route, dans un chemin ténébreux, qui est celui du soleil, c'est-à-dire celui que le soleil parcourt pendant la nuit sous la terre. A l'extrémité de cette route, il rencontre la mer, que franchit le soleil pour paraître à l'horizon. Sur l'indication d'une nymphe de la mer, il trouve le batelier qui a conduit son ancêtre. La traversée doit durer un mois et quinze jours ; enfin Ghildamès arrive chez Samasnapistim.

Jusqu'ici le poème ressemble quelque peu à un conte de chevalerie, tel qu'on les faisait au moyen âge ; mais nous allons maintenant nous trouver sur un terrain tout nouveau. Ce que Ghildamès demande, c'est le moyen d'éviter la mort. Il discute avec son aïeul la possibilité de l'obtenir ; en le regardant et le voyant après tant d'années et même de générations, dans ce pays inaccessible aux humains, il pense plus que jamais que Samasnapistim en sait bien plus qu'il n'en dit. Celui-ci se décide enfin à lui répondre sans détour ; il lui raconte comment il est devenu immortel, et ce récit, c'est celui du déluge, auquel il a échappé par la révélation et le conseil du dieu Ea.

*
* *

Ce récit ressemble beaucoup, même dans plusieurs détails, à celui que Moïse nous a fait connaître : dans la région chaldéenne, voisine de Babel, on n'avait pas oublié la tradition des ancêtres. N'y a-t-il pas toutefois une différence capitale dans le récit de notre poète? Est-il question de corruption, de justice et de châtiment, ou est-ce une volonté arbitraire des dieux qui produit le déluge? Disons d'abord que Samasnapistim, en construisant son arche, ne cherche point à convertir ses compatriotes les habitants de Surippak, mais plutôt à les trom-

8.

per. Il place d'ailleurs dans ce navire non seulement sa famille et ses animaux, mais tout ce qu'il avait d'or et d'argent, détail qui n'est point biblique. Mais quant à la question de justice, qui ne paraît pas indiquée d'abord, certains détails pourront l'éclaircir.

« Celui qui envoyait la tempête, continue le narrateur, fit tomber le soir une pluie violente ; je craignais le lever du jour, le jour était terrible à voir. J'entrai dans le vaisseau et je fermai ma porte ; je confiai à Puzurbel, le pilote, le bâtiment avec ce qu'il contenait.

« Aux premiers rayons de l'aurore, un nuage épais monta du fond des cieux. Ramman tonnait dedans ; Nebo et Mardouk le précédaient... Le fracas de Ramman atteignait jusqu'aux cieux ; toute lumière se changeait en ténèbres... Le frère ne voyait plus son frère ; du ciel on n'apercevait plus les hommes ; les dieux mêmes eurent peur du déluge, ils s'enfuirent et montèrent au ciel d'Anou. La reine des dieux criait tout haut : « Cette « génération périt, parce que j'ai conseillé le mal en pré- « sence des dieux et que j'ai ordonné le combat pour dé- « truire mes hommes. Où sont maintenant ceux que j'ai « enfantés ? Comme les œufs des poissons ils remplissent « la mer. »

« Durant six jours et six nuits, la tempête continua le déluge et les ouragans firent leurs ravages. Quand arriva le septième jour, le déluge et l'ouragan cessèrent le combat qu'ils avaient livré, pareils à une armée. La mer se calma, l'ouragan fut comprimé, le déluge cessa. Je regardai la mer en poussant des cris. Toute l'humanité était retournée en boue ; le champ se confondait avec la forêt. »

Les détails de la sortie de l'arche ressemblent presque identiquement à ceux que nous connaissons par la Bible. Mais ce qui n'y ressemble pas du tout, c'est ce qui va suivre immédiatement. Samasnapistim offrant un sacrifice, comme l'a fait Noé, *les dieux s'amassèrent comme des mouches* autour du sacrificateur. Quand la reine des dieux arriva : « O dieux, dit-elle, par le collier de mon

« cou, je n'oublierai pas, je me souviendrai de ces jours,
« je ne les oublierai jamais. Que les dieux viennent au
« sacrifice ; mais *que Bel n'y vienne pas*, parce qu'il a
« *manqué de sagesse* ; il a fait le déluge, et il a livré mes
« hommes à la mort. » Lorsque Bel se fut approché,
qu'il eut vu le vaisseau, *il se fâcha*... Quel être vivant a
échappé ? Pas un homme ne doit survivre à la condam-
nation... Ea ouvrit la bouche et parla. Il dit à Bel le
vaillant :

« C'est toi, guerrier, qui *gouvernes les dieux*[1]. Par quelle
« *imprudence* as-tu pu faire le déluge ? Impute au pé-
« cheur son péché, impute au coupable sa faute ; sois
« indulgent ; qu'il ne soit pas détruit[2]. » Et il lui recom-
mande d'exercer des châtiments moins sévères. Alors
Bel en prit son parti. « Il monta dans le vaisseau, me
prit par la main et me fit sortir. Il fit sortir ma femme
et la fit asseoir près de moi. Il nous mit en face de lui,
et, se tenant entre nous, il nous bénit. « Jusqu'à présent,
« dit-il, Samasnapistim appartenait à l'humanité. Dé-
« sormais Samasnapistim et sa femme seront des dieux
« comme nous. »

Ainsi d'une part la reine des dieux déclare avoir conseillé le mal pour amener la destruction du genre humain ; de l'autre, le dieu qui gouverne les dieux est
déclaré avoir manqué de sagesse ; et il donne raison à
l'accusation, puisqu'il proclame l'apothéose de celui qu'il
s'irritait de voir sauvé du déluge. Et l'idée d'un juste
châtiment n'est que vaguement indiquée dans une des
dernières lignes de ce morceau.

Quant à Ghildamès, son aïeul lui indique une plante
magique au moyen de laquelle il pourra se rajeunir. Il
la trouve, mais un serpent la lui enlève. Rentré dans
Erech, il demande inutilement à Bel, à Sin, à Ea, de lui
rendre son ami ; seulement Nergal, invoqué à son tour,

1. Encore un de plus.
2. Nous allons voir que, même dans ce poème, il n'y a pour
personne compensation réelle dans l'autre vie des douleurs éprou-
vées dans celle-ci par ceux qui méritent indulgence.

laisse échapper des enfers l'ombre d'Eabani, qui lui fait une triste description de l'autre monde ; mais il y a des adoucissements pour celui dont la mort a été glorieuse, pour celui qui a péri dans les combats. D'autre part celui dont le cadavre n'a pas eu de sépulture n'a pas de repos dans le monde futur. « L'ombre dont nul ne s'occupe mange les restes du plat, les débris d'aliments qui sont jetés à la voirie. » Telles sont les dernières paroles inscrites sur la dernière tablette ; telle est, paraît-il, la dernière conclusion du poème.

CHAPITRE V

LES ARTS

Si l'on rapproche les résultats obtenus, au sujet des écrits et au sujet des arts, par les fouilles opérées dans les deux pays qui nous occupent, on sera frappé, au premier aspect, par une singulière opposition. Tandis que la région du Sud abondait en productions littéraires, mais ne nous a rien laissé qui appartienne proprement aux arts, sauf l'architecture, dont il reste des vestiges, ses belliqueux voisins du Nord ne semblent pas avoir eu de littérature même religieuse en propre, quoiqu'ils professassent la même religion ; ils se sont bornés à emprunter celle de Babylone ; mais ils multipliaient les sculptures de toute espèce dans les palais de leurs rois. L'explication de ce dernier fait n'est pourtant pas difficile pour qui connaît la constitution physique des deux contrées.

Le sol de la Babylonie est dépourvu de roches : les briques cuites au feu ou crues, c'est-à-dire séchées simplement au soleil, étaient les seuls matériaux employés pour les constructions de ce pays. Un voyageur français écrivait, il y a peu de temps : « Entre Bagdad et la mer, n'importe où, prenez une bêche et creusez tant qu'il vous plaira, vous ne trouverez seulement pas un caillou gros comme une noix. On y a trouvé seulement de très gros morceaux de pierre basaltique, apportés de loin pour quelque usage de l'art. »

Dans l'Assyrie, au contraire, on rencontrait le gypse, pierre calcaire[1] ordinairement cristallisée ; elle offrait aux sculpteurs assyriens une matière solide, mais néanmoins facile à sculpter. On en taillait de grandes plaques, que l'on couvrait de bas-reliefs pour les appliquer sur les parois intérieures des salles. Le calcaire y servait aussi pour les soubassements des murs et pour les dallages ; mais le corps même des murs était, même à Ninive, formé de briques.

Ainsi, à Babylone, les monuments dont il nous reste des vestiges ne paraissent guère remarquables que par leur masse. Cependant des couleurs diverses, consacrées, paraît-il, au soleil, à la lune et aux planètes, décoraient certaines parties du *Temple des sept lumières du monde,* appelé aussi *Tour à étages,* que Nabuchodonosor éleva sur les ruines de la *Tour des langues* (Borsippa). C'était probablement un reste de la tour de Babel[2]. Quant aux *jardins suspendus,* c'étaient des terrasses soutenues par des voûtes qui reposaient sur de gros piliers.

On a remarqué cependant qu'à l'époque (très tardive) de Nabuchodonosor, pendant la courte durée de la plus brillante période de l'empire babylonien, une grande œuvre fut construite pour laquelle l'usage de la pierre parut indispensable ; la vaste étendue de la domination royale d'alors lui permit d'en faire venir. C'était le pont sur l'Euphrate, dans la capitale de l'empire. « Il fut, dit Hérodote, construit de très grandes pierres, que reliaient des crampons de fer noyés dans du plomb. » Mais c'était là une exception, tenant à ce qu'on ne connaissait pas alors de ciment qui pût résister à l'eau.

1. Il y avait là deux sortes de calcaires, l'un plus dur, l'autre plus tendre.

2. Il y a encore une accumulation énorme d'argile ou de briques pulvérisées, au lieu signalé par cette inscription.

Si l'emploi de la brique crue sans revêtement de pierre présentait le grand avantage d'une exécution facile et économique, cette matière avait le désavantage énorme d'être friable ; aussi pas un seul temple ni palais de Babylone ou des environs n'a subsisté jusqu'à nous. Cependant on peut s'en faire quelque idée par l'étude des monuments assyriens, beaucoup mieux conservés, et que l'on peut comparer aux restes informes, mais non tout à fait méconnaissables, de ceux du bas Euphrate. Dans l'un et l'autre pays, ce qui constituait le corps même du bâtiment était le parallélipipède, c'est-à-dire des corps de logis à flancs parallèles et à angles droits ; ils étaient placés sur des monticules artificiels, qui en rendaient l'aspect plus imposant.

*
* *

On peut connaître assez bien, même dans ses détails, l'architecture de l'Assyrie, car il existe encore plusieurs palais, construits par ses anciens rois, dont la partie supérieure seule s'est écroulée, et aussi des bas-reliefs représentant des monuments entiers. Des figures colossales de taureaux ailés à tête humaine gardent les portes. Sur les bas-reliefs qui en décorent l'intérieur, on reconnaît aussi des êtres mythologiques ; mais les scènes historiques, de guerre, de chasse et de la vie de la cour remplissent presque entièrement cette décoration. La perspective était ignorée des Assyriens ; mais les figures humaines y ont souvent un caractère noble. Les costumes sont représentés avec le plus grand détail dans ces figures de grandes dimensions. Celui d'un génie (p. 145) en donnera une idée.

L'extrême chaleur du climat assyrien faisait rechercher pour les palais, même aux dépens de l'élégance architecturale, les moyens de se défendre contre la pénétration des rayons solaires ; aussi n'y voit-on point ou presque point de fenêtres. On a fait, en Chaldée et

en Assyrie, un assez grand usage de la voûte, mais de
voûtes reposant sur les murs opposés, car il ne paraît
pas que nulle part on ait employé, dans ces contrées, des
rangs de colonnes pour soutenir les couvertures et les
étages supérieurs, bien qu'en Assyrie on ait découvert

Taureau ailé de Khorsabad.

un fragment de colonne : le chapiteau et une partie
du fût. En Chaldée, on croit qu'il a existé des piliers
cylindriques (mais sans chapiteau), formés de petits
matériaux, puisque l'on manquait de pierres. On voit
cependant des colonnes assez sveltes représentées sur
certains bas-reliefs, mais comme décoration extérieure,
dans la façade de l'édifice ; des colonnettes paraissent

aussi dans le couronnement des fortifications. Il faut d'ailleurs remarquer que, dans les diverses contrées de cette région, les chapiteaux sont décorés de volutes,

Restitution archéologique de la tour de Babel.

sinon semblables, du moins analogues à celles qui décorent les colonnes grecques de l'ordre ionique.

Dans les palais assyriens qu'on a découverts, les revêtements de pierres ne s'appliquaient pas aux murs tout entiers, mais seulement à certaines portions ou à l'intérieur de certaines salles. Partout ailleurs on y suppléait par une décoration sans comparaison plus simple, c'est-à-dire par une couche de badigeon d'une seule couleur; cependant il y a, par exception, des exemples de peintures proprement dites. Un taureau est repré-

Divinités.

senté blanc, cerné de noir, sur un fond jaune clair; les créneaux qui le surmontent sont d'un bleu foncé.

Il reste à parler des temples à étages. Eux aussi formaient des rectangles, mais avec d'autres rectangles placés au-dessus, qui en soutenaient d'autres encore, en retrait et par conséquent avec diminution de dimensions à chacun de ces étages. On peut voir ici comment, après l'étude des bas-reliefs, des ruines et des témoignages anciens, on est parvenu à se les représenter.

LIVRE V

PERSES, MÈDES ET BACTRIENS

CHAPITRE PREMIER

LE PEUPLE PERSE ET L'EMPIRE DES PERSES

Le peuple perse. — On peut s'étonner, au premier aspect, de voir la nation des Perses faire si rapidement, au temps de Cyrus, de si vastes conquêtes, et, peu d'années après, être si complètement et si constamment vaincue par les petites populations de la Grèce, alors que le grand roi et ses généraux entraînaient avec eux d'immenses armées, levées chez tous les peuples alors connus de l'Orient. Pour expliquer ce contraste, il faut se bien pénétrer de la différence profonde qui existait entre *la Perse* et *l'empire persan,* si l'on prend ces mots dans leur sens exact.

Les Perses proprement dits[1] appartenaient, comme les Grecs et la plupart des Européens, à la race aryenne, dont les mœurs, les coutumes et l'esprit sont, depuis l'antiquité, très différents de ceux non seulement de l'Afrique et de l'extrême Orient, mais de divers peuples de l'Asie occidentale. Au temps d'Hérodote, ils conservaient encore la tradition bien accentuée des qualités éminentes qui leur avaient valu leurs conquêtes, lorsque,

---

1. Ils subsistent encore dans la même contrée et dans les contrées voisines. Leur langue est un mélange d'ancien persan et d'arabe.

sobres, buveurs d'eau, habitués à coucher sur la terre, possesseurs d'un sol peu fertile, non amollis par la richesse, ils étaient naturellement formés à la guerre. Pendant un siècle et plus, ils conservèrent leurs vertus guerrières ; ils ne s'étaient pas mêlés avec les peuples qu'ils avaient assujettis à leur empire.

Ils formaient alors dix tribus ou groupes de familles : trois tribus nobles, dont une était celle des Pasargades, à laquelle appartenait la famille royale (celle des Achéménides), trois tribus agricoles et quatre nomades, c'est-à-dire sans doute composées de pasteurs ; Hérodote n'en connaît aucune qui fût adonnée à l'industrie et au commerce. Les Perses estimaient avant tout le courage dans les combats, et une noble franchise. « Depuis l'âge de cinq ans jusqu'à celui de vingt, dit l'historien grec, les enfants étaient instruits à trois choses : monter à cheval, tirer de l'arc et dire la vérité. » Et il dit un peu plus loin qu'ils considèrent le mensonge comme le déshonneur suprême, et, après le mensonge, les dettes, parce qu'elles y conduisent souvent. Il est clair d'ailleurs que cette éducation purement morale et militaire ne peut s'entendre que des nobles : agriculteurs et pasteurs devaient être instruits dans leur profession et s'y accoutumer dès leur première jeunesse.

Le costume et l'armure des Perses étaient une coiffure légère qu'on appelait tiare, une tunique à manches de diverses couleurs, une cuirasse à écailles, des anaxyrides (pantalons) et un bouclier de bois. Comme armes offensives, ils avaient des épées courtes, des poignards suspendus à la ceinture et de grands arcs, avec des carquois remplis de flèches de roseaux. Les cavaliers avaient les mêmes armes, excepté qu'un certain nombre d'entre eux portaient des casques de bronze ou de fer. L'arc paraît avoir été l'arme d'apparat des rois. Le corps d'élite, dans l'infanterie persane, était formé de 10,000 soldats qu'on appelait *Immortels,* parce que si l'un d'eux était atteint par l'infirmité ou la mort, il était remplacé par un autre, en sorte que le nombre demeurât toujours le même.

Nul homme ne devait être puni de mort, même par le roi, pour une faute unique; nul non plus, pour une faute unique, ne devait infliger à son esclave un châtiment irrémédiable; il ne devait par conséquent ni le tuer ni l'estropier. Le parricide était chez eux, disaient-ils, un crime inouï.

*
* *

Organisation politique de l'empire. — Le pouvoir monarchique ne paraît avoir' été limité dans ce pays par aucune institution proprement dite; mais peut-être l'était-il par des coutumes régulières. On voit, dans Hérodote, après le renversement et la mort du faux Smerdis, les conjurés délibérer sur la forme de gouvernement qu'ils allaient établir en Perse : cela paraîtra incroyable aux Grecs, dit l'historien, et cependant cela est vrai. On propose et on pèse la démocratie, l'aristocratie et la monarchie, en faveur de laquelle on se décide enfin; mais pour que la délibération ait eu lieu, il faut que l'idée de ces trois sortes de pouvoirs existât chez les Perses et qu'elle ne fût pas absolument étrangère à leur tradition, ou, si l'on veut, à celle de leur race. Seulement il faut bien remarquer qu'il ne s'agissait ici que du gouvernement de la Perse proprement dite, et non point de l'empire tout entier. Jamais, dans l'antiquité, un grand empire, pas plus celui de Rome que celui de l'Assyrie, n'a conçu la pensée d'associer au gouvernement central, qu'il fût monarchique ou non, les populations assujetties. Néanmoins on leur laissait généralement plus ou moins, dans les habitudes journalières de leur administration, les formes et les coutumes qu'elles avaient au moment de la conquête. Les Assyriens, nous l'avons vu[1], donnaient même le gouvernement de chacun des petits royaumes conquis au fils de celui qu'ils avaient détrôné ou mis à mort, et, sans suivre régulièrement cette politique, les Perses, du moins

____

1. Livre IV, chapitre 1er.

dans les premiers temps, n'y avaient pas tout à fait renoncé. On vit même, sous Darius, un général perse rétablir la démocratie dans des villes grecques d'Asie Mineure, quand l'insurrection de l'Ionie eut été domptée.

*
* *

Nous ne savons presque rien de l'histoire de la Perse avant Cyrus ; nous ne savons pas même depuis quand la race aryenne l'avait peuplée, ni à quelle époque la religion de Zoroastre y pénétra ; on a seulement lieu de penser qu'elle fut, de toutes les nations comprises entre le Tigre et l'Indus, l'une des dernières à la recevoir, car son nom ne se trouve pas dans un tableau de l'extension successive de cette croyance qu'on lit parmi les livres sacrés des sectateurs de Zoroastre, tableau où figure un assez grand nombre de petits peuples répandus dans cette région. Mais les Perses étaient unis avec ceux-là par les mœurs, la langue, et ils le furent par les principes de leur religion ; on ne peut donc nier que leurs coutumes politiques anciennes aient été analogues. Or, voici l'idée que nous en donnent ces livres sacrés, combinés avec ce que nous indique le sens des termes qui, dans les langues de cette race, représentent leur plus ancienne organisation civile.

On y distinguait le village et le chef de village, la tribu et le chef de tribu, considérée comme extension d'une famille, tribus dont la réunion formait un peuple [1]. Naturellement des chefs héréditaires de ces familles et groupes de familles conservaient une part notable de l'autorité civile et ne se considéraient pas comme la tenant d'une délégation royale. Naturellement aussi les chefs des familles d'une même tribu se consultaient sur

1. Il est encore question des populations de villages, à propos de cultes locaux propres à ces groupes, dans une inscription de Darius. — Mais voyez surtout l'hymne à Mithra cité plus loin (chapitre IV).

les intérêts communs, du moins tant que leur territoire n'avait pas une grande étendue. Et quand il y eut
des royaumes aryens, comme, jusqu'au temps de Cyrus,
leur domaine fut médiocre, il dut y avoir, autour des
princes, des chefs de tribus réunis dans les occasions les
plus importantes; ces souvenirs et ces faits expliquent
la délibération dont je parlais tout à l'heure. On a même
remarqué que, dans la langue ancienne des Hindous,
dont le dialecte le plus antique ressemble fort à celui
des livres religieux de cette région et même à la langue
des rois Achéménides, un même mot signifie assemblée
et tribunal. Or, chez les peuples vivant à l'état patriarcal,
il n'y a guère de vie publique que pour les jugements et
pour les combats. (Voy. ce que nous avons dit plus haut
des Hébreux avant le temps de David.)

CHAPITRE II

L'ART CHEZ LES PERSES

La Perse a partout en abondance une pierre fort dure,
un calcaire ayant presque l'apparence du marbre[1]; elle
fournissait en conséquence une excellente matière pour
les constructions et les sculptures, bien que la longueur
du travail qu'exigeait la taille de cette roche eût aussi
inspiré aux habitants de ce pays la pensée de faire largement usage des briques cuites ou crues. On a d'ailleurs
fait observer[2] que le caractère très élancé des colonnes
de ce pays donne à croire que la partie de la construc-

1. Je dis la Perse et non la Susiane, qu'on y comprend quelquefois; mais, celle-ci ayant peu d'étendue, on y était toujours dans
le voisinage du sol de la Perse.
2. Perrot et Chipiez, *la Perse*.

tion qui les surmontait devait être en bois plutôt qu'en pierre, afin d'en atténuer le poids ; on n'a d'ailleurs rencontré, dans les ruines des édifices de ce pays, aucun

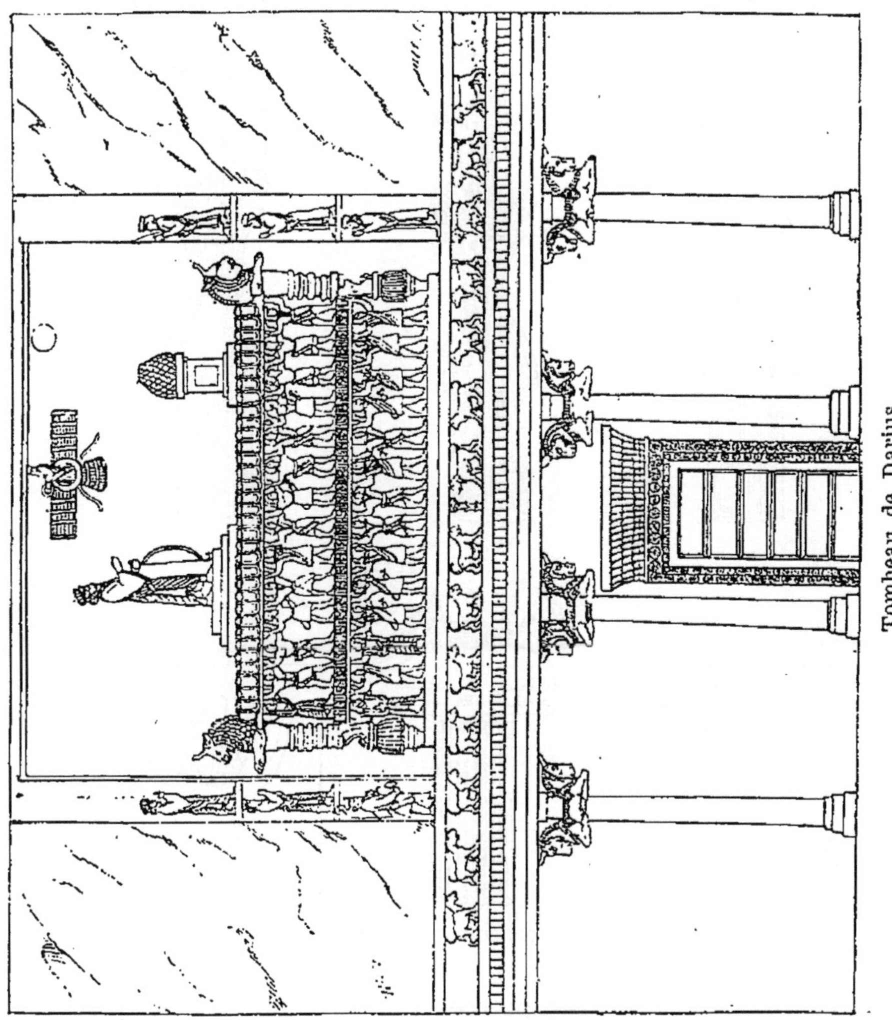

Tombeau de Darius.

fragment de corniche et d'architrave en pierre, mais seulement des entailles propres à recevoir des pièces de charpente.

Aucun édifice (palais ou temple) de l'ancien empire persan n'a été conservé dans son entier ; mais ce qui en demeure et les traces marquées dans les dallages subsis-

tants permettent de croire que la partie basse des tombes royales en représente assez exactement l'appareil
architectural. Les assises des murs d'un palais de Darius sont signalées par un voyageur comme parfaite-

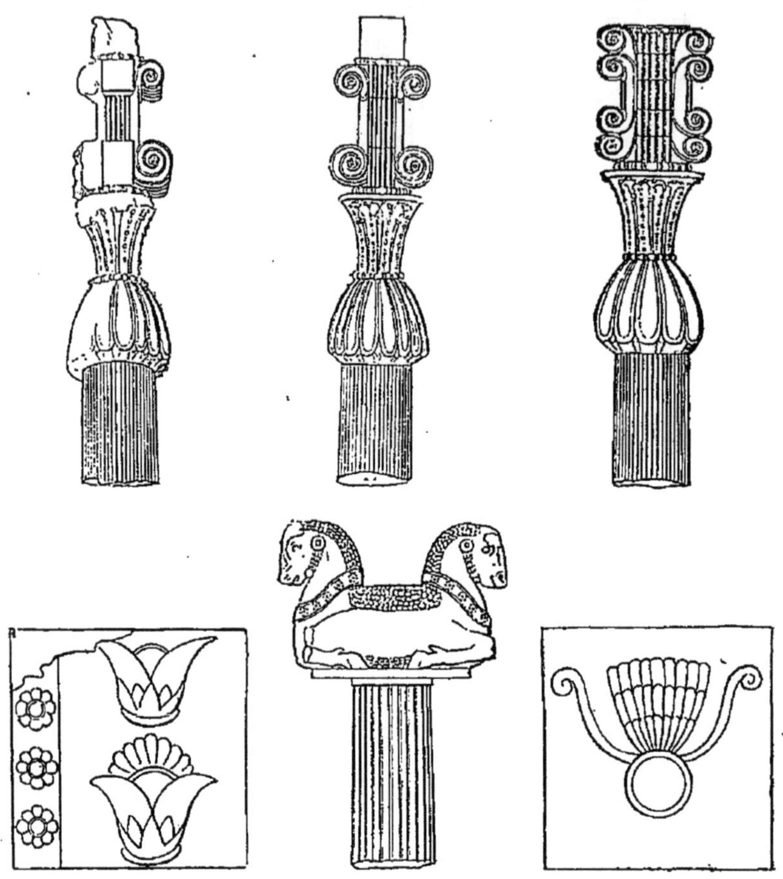

Chapiteaux et ornements de Persépolis.

ment horizontales; les pierres qui les composent ont
parfois jusqu'à 4^m,20 de longueur et près de 1 mètre de
haut. « Elles sont jointes sans mortier, dit-il; mais elles
étaient autrefois reliées par des crampons de fer enve-
loppés de plomb[1]. » Mais il faut observer que, dans un

1. Comme dans le pont de Nabuchodonosor, à Babylone; voir
ci-dessus, livre IV, chapitre v.

Audience royale.

mur de bel appareil à l'extérieur, on a trouvé, derrière

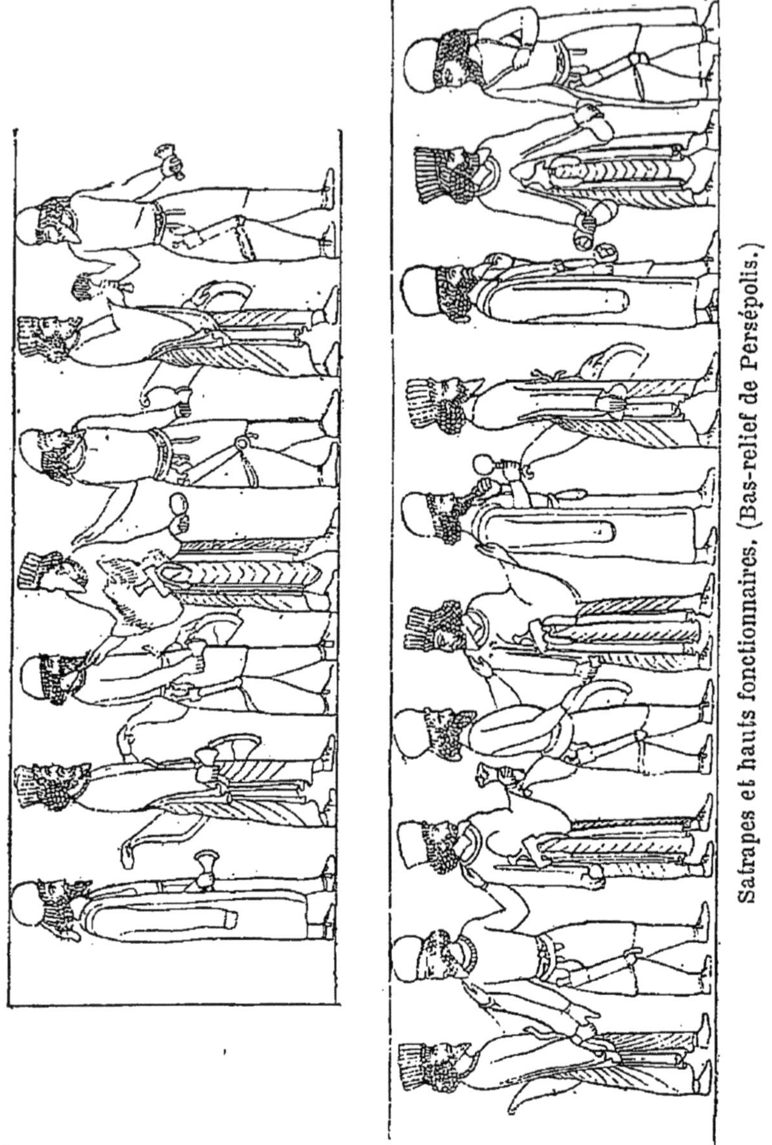

Satrapes et hauts fonctionnaires. (Bas-relief de Persépolis.)

le revêtement, le corps de la construction composé de
pierres de petite dimension et de forme irrégulière, unies
d'ailleurs sans maçonnerie et s'adaptant parfaitement.

L'escalier de Tchil-minar (Persépolis).

entre elles. Il en est de même, à Persépolis, pour le mur de près d'un kilomètre qui garnit la terrasse.

L'art de la voûte et celui de la coupole n'étaient pas ignorés de l'ancienne Perse ; les colonnes, dont elle faisait grand usage, méritent une étude détaillée. Comme je l'ai dit, elles produisaient une impression de légèreté. Elles avaient, en général, une hauteur de douze diamètres, dont neuf deux tiers pour le fût seulement. On trouvera ici la décoration de certains chapiteaux ; ces derniers ont une forme plutôt singulière qu'élégante ; on y remarque des volutes groupées avec plus d'abondance que de bon goût. Les Perses avaient l'habitude d'écarter beaucoup les colonnes d'une même colonnade, et l'on remarque que, dans leurs salles hypostyles (dont la disposition se reconnaît avec certitude par les traces laissées dans le dallage), il n'y a point, comme dans les temples égyptiens, une allée centrale plus large que les autres. Les pierres énormes que l'on pouvait tirer du sol persan avaient permis de ne composer que de trois ou quatre segments tout au plus des colonnes atteignant jusqu'à 20 mètres de hauteur totale.

Quant à la sculpture, on en pourra juger par les figures trouvées dans les bas-reliefs[1]. On n'a trouvé aucune statue des divinités perses ni les vestiges d'aucun grand édifice religieux ; on reconnaît les autels du feu dans de petites constructions[2].

---

1. Voyez les dessins de l'*Audience royale*, des *Satrapes* et de l'escalier de Persépolis.

2. Quant à ce que dit Racine (préface d'*Esther*) au sujet des temples et des statues de divinités, il me paraît avoir confondu la Perse avec Babylone, conquise par les Persans.

CHAPITRE III

LES MÈDES

La Médie ancienne est beaucoup moins connue que la Perse, parce que son rôle dominateur en Asie était terminé avant que les Grecs fussent en relations suivies avec les contrées au delà de l'Euphrate, et qu'elle ne nous a laissé ni écrits ni monuments qui lui appartiennent en propre. Ce qu'Hérodote nous en fait connaître en dehors des faits militaires n'est presque rien.

Nous pouvons du moins dire, depuis les découvertes du présent siècle, que les Mèdes, avec une écriture du même genre que les Assyriens, avaient une langue très différente, qui ne ressemblait pas non plus à celle des Perses, mais paraît avoir été très voisine de celle des Susiens et de même famille que celle des Sumériens ; de la même famille aussi que les langues parlées de nos jours par les Finlandais, les Turcs et les Mongols. Dans la grande inscription historique de Béhistoun, ce texte occupe la seconde colonne, la première étant rédigée en langue perse, et la troisième étant la traduction assyrienne : des inscriptions en ces trois mêmes langues se retrouvent plusieurs fois dans l'ancien empire persan, pour des textes d'étendue beaucoup moindre.

Mais ceux qui parlaient la langue mède ne formaient pas la population entière du pays. Le peuple était là divisé en six tribus ; or, sur les six il y en a quatre dont les noms peuvent s'interpréter par des racines aryennes et désignent la condition de ceux qui les formaient [1] ; la langue aryenne des Perses finit d'ailleurs par dominer tout à fait dans ce pays et par faire disparaître l'autre. Ces quatre tribus étaient celles des Mages ou Grands, à

1. Voy. Oppert, *le Peuple et la Langue des Mèdes*. Les noms de ces tribus se trouvent dans Hérodote.

laquelle appartenait le corps sacerdotal, qui peut-être la composait tout entière; une autre était celle des Arizantes, qui sans doute se lisait *Arya-zantu*, « tribu aryenne »; les deux autres noms (Bouses et Strouchates) exprimaient l'un l'idée d'habitants primitifs de la contrée, apparemment des laboureurs; l'autre celle d'hommes vivant sous la tente, c'est-à-dire de pasteurs nomades. Nous avons déjà vu qu'en Perse ces deux professions étaient représentées par des tribus distinctes. Hérodote nous dit d'ailleurs que le nom le plus ancien des Mèdes en général était celui d'Aryens. Il y a donc tout lieu de croire que des invasions ou des immigrations successives avaient mélangé là les deux races. Les Mèdes, dit Hérodote, portaient les mêmes arcs que les Perses; le reste de leur armement ressemblait à celui du peuple, aryen aussi, des Bactriens, c'est-à-dire qu'ils avaient, outre leurs arcs, de courtes lances. Naturellement les classes dominantes avaient dû organiser l'armée.

CHAPITRE IV

LA RELIGION DE LA HAUTE ASIE[1]

Dogmes. — La religion pratiquée dans la Haute Asie, dans l'Iran ou Eran, c'est-à-dire dans le pays compris entre le bassin du Tigre et le cours de l'Indus, était surtout celle de Zoroastre (Zarathustra), célèbre réformateur, qui s'inspira probablement et des doctrines primitives, fort altérées de son temps, et de la grandeur

---

1. La connaissance de cette doctrine a été approfondie dans notre siècle par des savants de diverses nations, qui sont parvenus à bien comprendre la langue dans laquelle on a composé les écrits anciens qui la concernent. Je me sers surtout ici des recherches et de la traduction française de M. de Harlez, professeur belge.

de son propre génie. Il est impossible de déterminer à quelle époque il vécut ; mais c'est une supposition insoutenable que d'identifier le Viçtaspa qui vivait de son temps, avec l'Hystaspe, père de Darius. Zoroastre est certainement plus ancien d'un certain nombre de siècles. Quelques-unes des vieilles poésies (les Gâthas) qui représentent son enseignement ont une forme si simple, si peu mythologique, une apparence si historique, qu'elles peuvent bien remonter jusqu'à son temps ou même l'avoir pour auteur. Ses sectateurs ont dit plus tard qu'il était né en Médie ; cela est possible ; mais il est certain que les documents historiques dont je viens de parler nous le montrent en Bactriane. Et lorsque, beaucoup plus tard, l'on résuma les traditions sur la propagation successive de cette croyance, la Médie est placée à l'un des derniers rangs dans l'ordre chronologique. Comme je l'ai dit (p. 149), on ne parle pas du tout de la Perse dans cette composition, sans doute plus ancienne que l'arrivée du zoroastrisme dans ce pays. On y mentionne, au contraire, un bon nombre de provinces ou plutôt d'États situés en deçà de l'Indus.

Cette religion reconnaissait comme puissance suprême *Ahoura-Mazda*[1], c'est-à-dire le *maître intelligent*, possédant la science universelle, seul objet d'une véritable adoration, créateur du monde visible et de tous ceux qui l'habitent. « Celui, dit une des anciennes poésies iraniennes, celui qui a formé ces éclats lumineux pour qu'ils se répandent dans les astres, celui-là a *créé par son intelligence* la pureté qui soutient le bon esprit... Je te reconnais, ô Mazda, comme le principe du monde créé par l'intelligence, *père du bon Esprit,* car je te reconnais pour le créateur véritable de la pureté, le maître du monde, dirigeant ses actes, » c'est-à-dire étant la Providence.

Et dans un autre hymne : « Nous te vénérons, ô Ahoura-Mazda, nous t'invoquons, nous t'implorons par toutes *les*

---

1. Appelé souvent en français *Ormuzd.*

bonnes pensées, par toutes *les bonnes paroles,* par toutes *les bonnes actions.* Nous proclamons ton corps le plus brillant de tous les corps, ô Ahoura. »

Cette idée d'un Mazda corporel n'est pas en accord avec ce que nous venons de lire; mais, outre que les anciens n'avaient pas de l'incorporel des idées aussi claires que nous, il est probable qu'il s'agit ici du ciel étoilé, qui ailleurs est appelé le *vêtement* d'Ahoura-Mazda, et dans lequel on a pu parfois le regarder comme incarné en quelque sorte, comme *Amon,* le dieu *mystérieux* des Égyptiens, l'était, nous l'avons vu, dans le soleil, sous le nom d'Amon-Ra. Du reste il faut observer que, sans aucunement les égaler au dieu qu'ils adoraient, les vieux mazdéens (c'est ainsi que l'on appelle les adorateurs de Mazda) professaient une vénération religieuse pour la Terre, les Eaux et surtout le Feu, qu'ils appelaient quelquefois le *fils* d'Ahoura-Mazda ; c'étaient là sans doute des traces de superstitions grossières contre lesquelles avait réagi Zoroastre. Cela explique comment les Mazdéens ont été souvent appelés adorateurs du feu.

« Nous honorons par nos sacrifices, dit un ancien texte, cette terre avec les forces productrices, cette terre qui nous porte, *ces forces qui sont à toi,* ô Ahoura-Mazda, excellentes par leur pureté. Nous honorons ces principes de nutrition, de formation, de développement et de sage disposition. »

Ailleurs on lit, au sujet des eaux : « Je veux honorer l'eau Ardvi-çûra-anâhita[1], au large cours, qui guérit les maux et chasse les dévas (démons), soumise à la loi d'Ahoura, digne de sacrifice pour le monde corporel, digne d'honneur pour le monde corporel; (eau) pure qui développe l'activité; (eau) pure qui fait prospérer les troupeaux; (eau) pure qui fait prospérer les êtres terrestres; (eau) immense qui se fait entendre au loin, qui est telle par sa grandeur que toutes les eaux qui coulent

1. En français : celle qui se répand, puissante, non souillée.

sur la terre... dont les réservoirs, dont les eaux d'écoulement sont au nombre de mille. »

Et pour les eaux en général, sans désignation mythologique : « Nous offrons ce sacrifice aux eaux que vous (Ahoura-Mazda) répandez en rosée, en torrents ; qui vous étendez, eaux souveraines d'Ahoura-Mazda, qui opérez bien, qui pénétrez bien, qui coulez en abondance, purificatrices, qui atteignez les deux mondes. »

Enfin, au sujet du feu, parmi beaucoup d'autres passages, on trouve celui-ci : « Je suis plein de piété, ô feu d'Ahoura-Mazda, afin que tu viennes à moi avec puissance... Viens vers nous pour l'acte suprême. Feu, tu es (le fils) d'Ahoura-Mazda, tu es un être céleste, tu es le plus saint des feux[1]... Nous venons t'honorer avec un esprit pur, une sainteté parfaite, par des paroles et de sages actions et une sainteté parfaite. »

Au-dessous d'Ahoura se plaçaient deux êtres puissants, considérés aussi comme éternels et souverains, l'un du monde de la lumière, l'autre du monde des ténèbres, *Çpenta-Mainyous,* c'est-à-dire l'*Esprit vivifiant,* et *Anro-Mainyous*[2], c'est-à-dire l'*Esprit destructeur,* auteur de la mort, inspirateur de tous les crimes par lui-même ou par les siens, créateur des animaux malfaisants et des plantes nuisibles, tandis que Çpenta-Mainyous, qu'il n'est pas toujours facile de distinguer de Mazda lui-même, prodiguait au monde tous les bienfaits. Ces deux êtres étaient sans cesse en lutte l'un contre l'autre et ne pouvaient réciproquement s'accabler ; c'est ce qui a fait souvent donner la qualification de dualiste à la doctrine mazdéenne ; mais il ne faut cependant pas penser qu'elle ait cru Anro-Mainyous égal en puissance à Mazda.

Mais qu'était-ce que les Amesha-Çpentas ou Amshapands, qui ont tenu une si grande place dans cette doctrine ? C'est une question à laquelle on ne peut répondre

---

1. On distinguait en effet : 1° le feu de la terre, 2° le feu du corps animal (chaleur naturelle), 3° celui des végétaux, 4° celui de la foudre, 5° celui d'Ahoura.

2. Appelé souvent en français *Ahriman.*

sans bien distinguer les époques, car les Mazdéens eux-
mêmes ont grandement transfiguré ou défiguré, dans le
cours des siècles, les idées qu'ils y attachaient d'abord.
On y a compris quelquefois Çpenta-Mainyous lui-même,
mais en général on ne doit en reconnaître que six, dont
voici les noms et la signification propre :

1° Vohou-mâno (le bon Esprit);
2° Asha-Vahista [1] (l'Ordre excellent);
3° Khshatra-Vairya (la Puissance excellente);
4° Armaïti (la Sagesse, l'Ordination parfaite) ;
5° Haurvatât (l'Ensemble des biens);
6° Amérétât (l'Immortalité).

Ce sont là, comme on le voit, des attributs divins, personnifiés ou non, soit par l'imagination poétique, soit par
l'imagination populaire ; mais ils finirent par être si bien
personnifiés qu'on en fît de simples génies. Vohou-mâno
fut à la fois le génie de la concorde et celui des troupeaux ; Asha-Vahista guérit des maladies et des vices ;
Khshatra-Vairya représenta la royauté, la loi, et eut la
garde des métaux ; Armaïti fut de très bonne heure le
génie de la terre ; elle donna aussi la force du corps ;
Haurvatât donna la santé et eut le soin des eaux ; Amérétât fut la gardienne des plantes salutaires. On remar-
quera, dans chacune de ces assimilations, comment
l'idée abstraite se transforme graduellement en idée
mythologique ; ainsi, pour ce qui concerne Asha-Vahista,
les maladies sont les altérations du corps, comme les
vices sont celles de l'âme ; ainsi encore la royauté doit
être l'organe de la loi.

Les Mazdéens reconnaissaient aussi de nombreux
génies, les uns bons et agissant sous la direction de
Çpenta-Mainyous, les autres mauvais (les Dévas), agents
d'Anro-Mainyous. Parmi les premiers il faut compter
Çraoscha, proprement l'Obéissance (à la loi religieuse),

---

1. *Sh*, prononcez *ch*, ou une articulation voisine de celle-là. Je
n'écris pas *ch*, qui a quelquefois, dans la transcription des mots
anciens, une valeur gutturale, mais j'emploie, comme de Harlez, le
sh anglais.

le juge équitable des défunts, et Rashnou, le génie de la justice. *Mithra*, proprement l'*ami*, peut-être à l'origine simple épithète de Mazda, devint avec le temps la lumière céleste (distinct cependant du soleil), l'arbitre de la victoire, le maître des vastes campagnes, et finalement fut considéré comme un intermédiaire ou médiateur entre Dieu et l'homme.

Enfin il ne faut pas oublier ce bizarre personnage de Haoma, qui est tantôt un génie, tantôt le jus d'une plante employé comme libation. Une doctrine très originale est celle qui concernait les Fravashis, génies innombrables, auxquels on vit confiés tous les êtres, tous, même les génies célestes, même Ahoura-Mazda. Cependant ils sont représentés aussi comme les âmes des morts; mais de Harlez a pensé que cette dernière conception n'est pas iranienne et qu'elle a été empruntée aux Babyloniens, avec lesquels les Mèdes et les Perses furent en contact.

⁂

Morale. — D'après ce que nous venons de voir et malgré un mélange d'erreurs presque puériles, le dogme iranien était fort supérieur à celui des Grecs et des Romains; en était-il de même pour la morale ?

On a pu remarquer déjà, dans ce que j'ai cité plus haut, un fait très important : Ahoura-Mazda est imploré par les bonnes *pensées*, les bonnes *paroles* et les bonnes actions. Les religions non révélées ne s'occupent guère des pensées; or ce principe qui étend à la fois la morale aux pensées, aux paroles et aux actes est fondamental dans l'Avesta[1]. Une autre doctrine, exceptionnelle aussi dans l'antiquité, est celle qui demande à la divinité son assistance pour faire le bien. « Moi, qui suis à vous, ô Ahoura-Mazda, dit le fidèle, je viens vous implorer

1. L'*Avesta*, c'est la loi religieuse du mazdéisme. On en a plus tard appelé *zend* un texte explicatif; d'où l'usage est venu (en Europe) d'appeler cette loi même le *Zend-Avesta*.

avec une intention droite, pour que vous me donniez les *biens* qui appartiennent aux deux mondes : au monde *corporel* et à celui *de l'esprit*. — Moi qui, avec l'aide du bon Esprit (Vohou-mâno), ai appliqué mon âme à des pensées célestes, qui connais la sainteté des actes conformes à la loi d'Ahoura-Mazda, *que je persévère* dans le désir de la sainteté tant que j'en aurai le pouvoir. »

Et s'adressant à Asha, l'Ordre divin : « Viens avec le bon Esprit, toi qui donnes pour un long temps les dons de la sainteté. Par tes paroles véridiques, Mazda, donne un bonheur plein de puissance à Zarathoustra et à nous... Donne, Asha, la *pureté*, les *dons du bon Esprit !*... donne-noùs tes dons, ô Mazda, maître suprême... *Grâce à tes faveurs, puissions-nous ne jamais vous offenser*, ô Ahoura, ni Asha, ni Vohou-manô. » Ces deux derniers noms, ainsi que nous l'avons vu, représentaient, pour les plus anciens disciples de Zoroastre, l'un l'ordre moral et celui du monde, l'autre la perfection du bien.

Une des parties les plus connues de l'Avesta, le Vendidad, a pour objet des prescriptions morales et des prescriptions rituelles, qui rentrent également dans la guerre faite aux dévas, comme combattant et les vices et les atteintes à la pureté extérieure, surtout celles qui résultaient du contact des cadavres. Il faut observer, en effet, qu'à la mort d'un homme son corps était censé tomber au pouvoir d'Ahriman, en sorte que l'on regardait comme une impiété soit de le brûler, à cause du respect porté au fèu, soit de l'enterrer, à cause du respect porté à la terre. En conséquence on l'abandonnait aux bêtes féroces ou aux oiseaux de proie, et ceci est encore pratiqué par les familles, en nombre assez restreint, qui ont conservé la religion de Zoroastre, soit dans la Perse, soit dans l'Inde, où plusieurs d'entre elles ont émigré depuis longtemps.

La morale enseignée dans le Vendidad est généralement louable : l'improbité, les actes de violences, les mauvaises mœurs, y sont condamnés ; Mithra a horreur de la tromperie ; mais on y a le tort d'assimiler, en quelque sorte, les délits contre les personnes avec les mauvais traitements à l'égard de certains animaux, au moins les chiens. De tout temps, la religion de Zoroastre a prescrit les vertus de famille, mais elle approuvait le mariage entre le frère et la sœur ; de tout temps aussi, elle a exalté la vie agricole et par conséquent civilisée, en opposition aux mœurs barbares pratiquées par les ennemis des anciens Mazdéens et des Bactriens en général. Du reste nous avons vu que la terre et ses productions utiles faisaient partie de l'œuvre du bon principe, en lutte contre le mauvais ; la culture des champs était, par suite, considérée comme un acte religieux.

La vie future était formellement enseignée chez les Mazdéens : la justice divine attendait à la mort les hommes vertueux et les coupables, pour récompenser les uns et punir les autres. Voici comment, selon le Vendidad, Ahoura-Mazda lui-même enseigne à Zoroastre la forme et l'exercice de cette justice.

« Après que l'homme est mort, lui dit-il, les dévas viennent errer autour de lui. Après la troisième nuit, la lumière s'avance et répand ses rayons ; Mithra aux armes brillantes atteint le sommet des montagnes à l'éclat pur. Le soleil s'élève. Alors le déva nommé Vizareshô, ô saint Zarathustra, entraîne liée l'âme des méchants, adorateurs des dévas, des hommes qui vivent dans le crime ; car, par ces chemins créés dans le temps, arrivent celui qui appartient au mal et celui qui appartient au bien, au pont Cinwat, créé par Ahoura-Mazda. L'âme et l'intelligence cherchent la part destinée aux êtres vivants, (qu'ils se sont) faite dans le monde corporel. Alors la Bonne Vie se présente, prompte, majestueuse et sainte, parée d'un diadème, bienveillante et forte. Elle plonge dans les ténèbres l'âme du méchant. Elle fait passer les âmes des justes au-dessus du Harabarezaïti (voy. p. 166-167) ; elle les soutient dans le passage à travers le pont Cinwat, sur la voie des Yazatas (génies) célestes. Vohoumano s'est levé sur son trône d'or ; Vohoumano s'est écrié : « Comment es-tu venue parmi nous, âme pure, de ce monde passager au monde impérissable? « Transportées de joie, les âmes des hommes justes avancent vers le trône d'or d'Ahoura-Mazda, vers ceux des Amescha-Çpentas, vers le Garonman, demeure d'Ahoura-Mazda, demeure des Amescha-Çpentas et des autres justes. Les dévas méchants, auteurs du mal, tremblent à l'odeur parfumée (ou la conscience) du juste, purifiée après sa mort, comme la brebis au pouvoir du loup tremble devant lui. »

Quant au séjour des coupables, il est défini ailleurs : « les ténèbres ténébreuses, engendrées par les ténèbres », c'est-à-dire, comme l'explique de Harlez, par les ténèbres primitives, éternelles, empire d'Ahriman.

Un grand hymne à Mithra, hymne que l'on croit avoir été complété à différentes époques, nous indiquera, par les extraits que l'on va lire, les idées que réveillait ce nom et nous donnera une idée de la poésie iranienne, lors de son développement.

« Mithra, qui s'étend au loin sur les campagnes, donne des chevaux rapides à ceux qui ne le fraudent point ; le Feu, fils d'Ahoura-Mazda, rend leur chemin parfaitement droit... Nous honorons Mithra qui règne dans les campagnes, en qui réside la joie, en qui réside le bonheur pour les contrées aryaques. Qu'il vienne à nous pour nous secourir..., qu'il vienne à nous pour nous *donner la joie,* qu'il vienne à nous pour *effacer nos fautes,* qu'il vienne à nous pour *nous guérir,* qu'il vienne à nous pour nous *donner la victoire...* qu'il vienne à nous pour *nous établir en pureté.*

« Nous honorons Mithra *véridique et sage,* aux mille oreilles, bien fait, *aux dix mille yeux,* élevé au vaste observatoire, puissant, *qui ne dort point.*

« Nous honorons Mithra, le premier des Yazatas (génies) célestes, qui s'avance au-dessus du Hara [1], *marchant devant le soleil immortel,* aux coursiers rapides ; qui, le premier, paré de l'éclat de l'or, atteint les sommets

---

1. Ou *Hara-Berezaïti,* montagne de la cosmographie fabuleuse.

brillants d'où il embrase[1], favorisant les êtres, tout le sol aryaque.

« Nous honorons Mithra, qui n'est trompé par qui que ce soit[2]. Si le chef d'habitation, si le chef de bourg, si le chef de tribu ou le chef de contrée cherche à le tromper, alors Mithra, irrité, offensé, renverse et la demeure et le bourg; (il détruit) et la tribu et la contrée, et le chef de l'habitation et celui du bourg, et le chef de tribu et celui ·de la contrée, et les chefs suprêmes des contrées[3].

« Nous honorons Mithra, élevé dans le firmament, plein de force, favorisant la loi sage, qui écoute les louanges, noble, aux vertus pures, incarnation de la loi, guerrier aux bras vigoureux, qui frappe les dévas à la tête, qui châtie les coupables, qui punit les trompeurs.

« Nous honorons Mithra, qui soutient les colonnes des demeures de haute construction, qui les rend solides, inébranlables. »

Le poète nous peint ensuite Mithra disposant et dirigeant les armées fidèles contre les barbares. *Les flèches de ceux-ci aux plumes d'aigle, leurs lances aiguës, leurs glaives bien tenus, leurs massues brandies avec habileté,* ne percent et ne frappent *que l'air,* quand Mithra les rencontre dans sa colère. « Pour lui, Ahoura-Mazda, le créateur, a construit une demeure immense, brillante, au sommet du Hara-Berezaïti, là où il n'y a ni jour ni nuit, ni vent glacé ni chaleur ardente, ni maladie, cause de mort, ni souillure produite par les dévas. » — Mithra « met les eaux en mouvement et *écoute les invocations,* fait *couler les eaux* et *croître les plantes,* dispose convenablement les sillons. » — Il tient en main une massue à cent pointes aiguës. Devant lui Anro-Mainyous, le

1. C'est-à-dire illumine.

2. Et qui par conséquent possède la lumière de l'intelligence, comme la lumière visible.

3. Ces derniers mots furent probablement ajoutés après que les conquêtes de Cyrus eurent étendu un grand empire sur les contrées diverses de l'Eran.

meurtrier, fuit tremblant. » — Comme le soleil des Grecs, Mithra est porté sur un char.

Les croyances de la Perse et de la Médie. — Ce que nous venons de dire représente la religion avestique en général ; mais était-elle exactement celle des Perses et des Mèdes ? Ceci est une autre question.

L'histoire nous apprend que l'usurpation d'un Mage de Médie, après la mort de Cambyse, amena, lorsque la dynastie perse fut rétablie dans une autre branche de cette famille, une violente réaction. Un certain nombre de Mages furent massacrés par les Persans ; et Darius, élevé alors sur le trône, raconte en ces termes, dans la grande inscription historique de Béhistoun, ce qui se produisit dans l'ordre religieux :

« Les autels que Gaumata, ce Mage, avait renversés, je les rétablis pour le peuple. »

Il en résulte clairement qu'il y avait alors une différence entre la religion des Mages, tribu médique, et celle des Perses. Faut-il entendre que les Mages étaient alors hostiles à la religion de Zoroastre, ou que les Perses s'en étaient écartés ? Il paraît que l'un et l'autre est vrai dans une certaine mesure.

On lit dans le tableau de la propagation du zoroastrisme, écrit, comme je l'ai montré, avant que cette religion eût pénétré dans la Perse, ce passage curieux : « J'ai créé, moi qui suis Ahoura-Mazda, le douzième des lieux et des séjours excellents, Raga (Ragès) aux trois tribus [1]. Mais Anro-Mainyous, le meurtrier, lui créa un adversaire : le crime de la suprême *incrédulité*. » En d'autres termes, après avoir reçu le mazdéisme, les Mèdes l'abandonnèrent, ou même l'oublièrent complètement.

D'autre part, il est certain que le dieu suprême des Perses était Aoura-Mazda, nom qui ne diffère de celui du dieu de l'Avesta que par une aspiration. Ce dieu, les inscriptions persiques le représentent partout comme

1. On pense, quoique ce ne soit pas certain, qu'il s'agit de Rhagès, aujourd'hui Raï, près de Téhéran (capitale de la Perse actuelle), située sur le territoire de l'ancienne Médie.

souverain, comme arbitre du monde, comme soutenant.

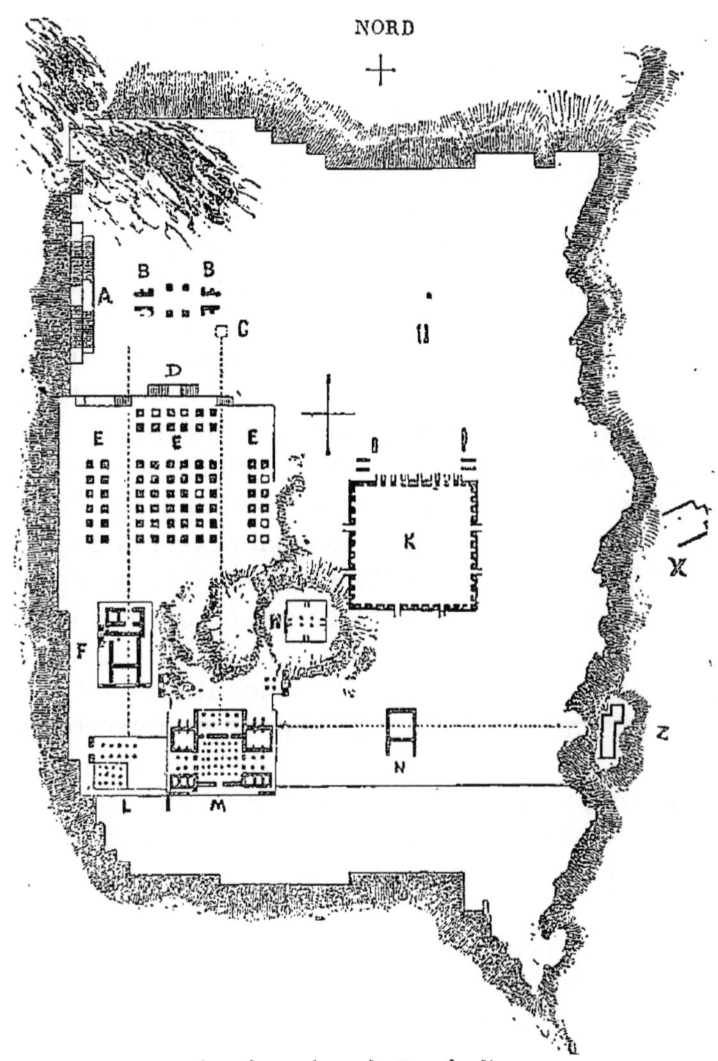

Plan des ruines de Persépolis.

A, escalier de la première terrasse ; B, B, portiques ; C, citerne ; D, escalier de
la deuxième terrasse ; EEE, colonnade du Nord (Tchil-minar) ; F, palais de
l'Ouest ; H, palais du Centre ; K, palais de l'Est ; L, palais du Sud-Ouest ; M, palais du Sud ; N, palais du Sud-Est ; X et Z, tombeaux des rois Darius et Xerxès.

par sa faveur les princes à qui il a conféré l'empire,
bien plus, comme créateur du ciel et de la terre aussi
bien que de l'homme. C'est donc bien le même dieu

qu'adoraient les sectateurs de Zoroastre. Pourtant, dans une inscription de Persépolis, Darius appelle Ahoura-Mazda *le plus grand des dieux*, et il invoque avec lui *les dieux du pays* contre les ennemis de l'empire. Xerxès dit à son tour, dans une de ses inscriptions : « Qu'Aoura-Mazda me protège *avec les dieux*, moi, et mon empire, et mon œuvre. » Sans doute cela n'implique point égalité entre Aoura-Mazda et les autres êtres invoqués par ces rois; bien au contraire, celui-là occupe évidemment un rang à part et très supérieur. Néanmoins c'est de dieux (*baga*) et non de simples génies que parle le texte. Dans les derniers temps de cet empire, on voit des inscriptions royales invoquer, l'une Aoura-Mazda, Mithra et Anahita, l'autre Aoura-Mazda et Mithra [1].

On ne trouve en Perse qu'une seule mention fugitive du mauvais Principe, quoique, comme on l'a fait observer, Darius eût eu bien souvent occasion d'en parler, quand il raconte les soulèvements de divers imposteurs. Enfin les monarques persans ont eu des tombeaux, ce que ne permettait pas, dit-on, la religion de Zoroastre, et nous avons vu pourquoi. Cependant on peut répondre à cette dernière observation qu'une découverte récente permet d'admettre l'inhumation des mazdéens, lorsque leurs corps se trouvaient réduits à l'état de squelettes [2].

Il est certain, au reste, qu'à une certaine époque on n'établit plus aucune distinction entre la religion de Zoroastre, celle des Mèdes et celle des Perses. Les Mages en furent les prêtres, et elle persista florissante jusqu'au temps où les Arabes, peu de temps après Mahomet, prirent possession du pays.

1. L'histoire nous apprend d'ailleurs qu'Artaxerxès Mnémon fit dresser des statues à Anahita, qui se confondit avec la Mylitta babylonienne, et un hymne relativement peu ancien en fait au moins l'égale de Mazda.

2. Quant à Hérodote, il a mal connu la religion de ces contrées, et l'on s'aperçoit qu'il confond, quand il en parle, des êtres différents.

APPENDICE

**I. — Description du souterrain renfermant la sépulture
d'un roi de la vingtième dynastie égyptienne [1].**

« Le bandeau de la porte d'entrée est orné d'un bas-relief, le
même sur toutes les premières portes des tombeaux royaux,
qui n'est au fond que la préface ou plutôt le résumé de toute
la décoration des tombes pharaoniques. C'est un disque jaune,
au milieu duquel est le soleil, à tête de bélier, entrant dans
l'hémisphère inférieur [2] et adoré par le roi à genoux ; à la droite
du disque, c'est-à-dire à l'orient, est la déesse Nephthys, et à
la gauche la déesse Isis, occupant les deux extrémités de la
course du dieu dans l'hémisphère supérieur. A côté du soleil et
dans le disque, on a sculpté un grand scarabée, qui est ici,
comme ailleurs, le symbole de la régénération ou des naissan-
ces successives ; le roi est agenouillé sur la montagne céleste,
sur laquelle portent aussi les pieds des deux déesses.

« Le sens général de cette composition se rapporte au roi
défunt. Pendant sa vie, semblable au soleil dans sa course
de l'orient à l'occident, le roi devait être le vivificateur, l'illu-
minateur de l'Égypte et la source de tous les biens physiques
et moraux nécessaires à ses habitants ; le Pharaon mort fut
donc encore naturellement comparé au soleil se couchant et
descendant vers le ténébreux hémisphère inférieur, qu'il doit
parcourir pour renaître de nouveau à l'orient et rendre la
lumière et la vie au monde supérieur, celui que nous habitons ;
de la même manière le roi défunt devait renaître aussi [3].

« Dans le tableau décrit est toujours une légende dont suit
la traduction littérale : « Voici ce que dit Osiris, seigneur de

---

1. Extrait de la 13ᵉ lettre de Champollion. — *V.* livre Iᵉʳ, ch. ii,
à la fin du premier paragraphe.

2. On a reconnu depuis que l'expression *hémisphère* n'est pas ici
bien exacte, dans les idées égyptiennes.

3. Le roi d'Égypte, même vivant, était réellement divinisé, et il
portait couramment le titre de Hor ; mais la renaissance journalière du soleil était aussi le type de l'immortalité de l'âme en général.

« l'Amenti (la région occidentale habitée par les morts) : « Je
« t'ai accordé une demeure dans la montagne sacrée de l'Occi-
« dent[1], comme aux autres grands dieux (les rois ses prédé-
« cesseurs); à toi Osirien, seigneur du monde, Ramsès encore
« vivant. » Cette dernière expression prouverait, s'il en était
besoin, que les tombeaux des Pharaons, ouvrages immenses
et qui exigeaient un travail fort long, étaient commencés de
leur vivant, et que l'un des premiers soins de tout roi égyptien fut, conformément à l'esprit bien connu de cette singulière nation, de s'occuper incessamment du monument sépul-
cral qui devait être son dernier asile.

« C'est ce que démontre encore mieux le premier bas-relief
qu'on trouve toujours à gauche en entrant dans tous ces tombeaux... Voici ce que dit Phré[2], dieu grand, seigneur du ciel:
« Nous t'accordons une longue série de jours pour régner sur
« le monde et exercer les attributions royales d'Horus sur la
« terre. » Au plafond de ce premier corridor du tombeau, on lit
également de magnifiques promesses faites au roi pour cette
vie terrestre, et le détail des privilèges qui lui sont réservés
dans la région céleste.

« Une petite salle, qui succède ordinairement à ce premier
corridor, contient les images sculptées et peintes des 75 pa-
rèdres[3] du soleil, précédées ou suivies d'un immense tableau dans lequel on voit successivement l'image abrégée de
75 zones.

« Les parois des corridors et salles qui suivent, presque toujours les parois les plus voisines de l'orient, sont couvertes
d'une longue série de tableaux représentant la marche du
soleil dans l'hémisphère supérieur (image du roi pendant sa
vie), et sur les parois opposées, on a figuré la marche du soleil dans l'hémisphère inférieur (image du roi après sa mort).
Plusieurs autres salles succèdent à ce corridor; elles sont
également ornées de peintures et de sculptures...

. . . .

« La salle qui précède celle du sarcophage, en général
consacrée aux quatre génies de l'Amenti, contient, dans les
tableaux les plus complets, la comparution du roi devant le

1. Lieu de la sépulture des rois thébains.
2. Pe-Ra, le soleil. C'est ainsi que Champollion nommait toujours
le dieu Ra.
3. Dieux annexes ou figures d'attributs.

tribunal des 42 juges divins[1] qui doivent décider du sort de
son âme. »

L'auteur fait observer que le nombre des salles ainsi creusées et décorées est en rapport avec la durée du règne, c'est-
à-dire avec le temps que l'on a pu consacrer à la préparation
de la sépulture royale.

Dans l'une des salles du tombeau immense dont nous venons de parler, Champollion nous décrit une représentation
astronomique relative au même ordre d'idées qu'il nous a
indiqué déjà : « Ce ciel, dit-il, sous la forme d'une femme dont
le corps est parsemé d'étoiles[2], enveloppe de trois côtés cette
immense composition : le torse se prolonge sur toute la longueur du tableau, dont il couvre la partie supérieure; sa tête
est à l'occident; ses bras et ses pieds limitent la longueur
du tableau.

« Chaque heure du jour est indiquée, sur le corps du ciel,
par un disque rouge et, dans le tableau, par douze barques,
bari[3], sur lesquelles paraît le dieu soleil, naviguant sur l'O-
céan céleste, avec un cortège qui change à chaque heure et qui
l'accompagne sur les deux rives.

« Enfin le dieu approche de l'occident. Sev sonde le fleuve
incessamment, et les dieux échelonnés sur le rivage dirigent
la barque avec précaution. Elle contourne le grand bassin de
l'ouest et reparaît dans la bande supérieure du tableau. »

Ailleurs Champollion décrit la scène du jugement, dont on
trouve ici le *dessin* à la page 13, et qui n'appartient pas aux
seules tombes royales, mais aussi au manuscrit d'un livre
sacré, destiné à la sépulture de tout Égyptien qui voulait s'en
procurer au moins un extrait. Osiris siège sur son trône, avec
sa coiffure caractéristique et tenant en main un fouet et un
sceptre. En face de lui sont Anubis, le chacal sacré des Enfers, et Thot, le dieu à tête d'ibis, représentant la sagesse et
la science, qui inscrit la sentence portée. Le dieu à tête d'é-
pervier (Hor) et le dieu à tête de chacal (autre figure d'Anubis)
pèsent le cœur du défunt, qui doit faire équilibre à la plume
d'autruche, emblème à la fois de la justice et de la vérité.

1. Assesseurs d'Osiris. — Cette scène de jugement n'est pas
spéciale aux princes. *V. supra,* p. 13-14.

2. Les Égyptiens faisaient ou du moins firent à une certaine
époque de Nu, déesse du *ciel,* la *mère* d'Osiris, et de Sev ou Seb,
présidant à la *terre,* le *père* du même dieu.

3. Une pour chaque heure, bien entendu.

L'âme défunte se montre ensuite, entre deux figures de la
déesse Maa (justice-vérité), caractérisées par le même symbole, et dont l'une tient en main un sceptre et une croix
ansée, emblème de la vie chez les Égyptiens. Elle paraît aux
Enfers comme expression de l'immortalité de l'âme. Sur la
tige de la balance figure un singe cynocéphale. Un autre
animal de cette espèce, ou plutôt un génie qu'il représente,
chasse devant lui, dans une barque, un coupable transformé
en pourceau. Enfin au-dessus, c'est-à-dire en arrière par
faute de perspective, on voit les 42 juges auxquels l'âme
adresse ses supplications.

II. — Un âne en dommage, au temps de la onzième dynastie [1].

Il y avait une fois, au temps du roi Ra-neb-Ka, un paysan
qui cheminait avec son âne, chargé de produits horticoles et
de divers médicaments, se dirigeant vers la ville de Soutensinen. « Il arriva, dit le manuscrit, au canton de sa demeure,
vers le vallon qui vient de la ville de Tena. Il rencontra là un
individu qui se tenait sur le bord de l'eau ; c'était un employé nommé Asari ; il était domestique du grand intendant
Méruilens.

« L'employé dit dans son cœur, en voyant l'âne du paysan :
« Cela a une grande valeur. Que j'aie une heure favorable, et
« je dépouillerai le paysan de ses marchandises. »

« La maison de l'employé était sur un terrain en travers
de la route, qui n'était pas large ; de l'un des côtés il y avait
de l'eau, et de l'autre, des arbres fruitiers.

« L'employé dit à son serviteur : « Va, apporte-moi de la
« maison une barrière ; » et il l'apporta sur-le-champ. Alors
il déploya la barrière près du terrain en travers du chemin ;
il arrêta de l'étoffe dans l'eau et l'étendit sur les arbres fruitiers.

« Le paysan vint sur le chemin public. L'employé dit :
« Fais attention, paysan, ne marche pas sur mes vêtements. »
Le paysan dit : « Votre serviteur ; mais mon chemin est le
« bon chemin. » Et il sortit par-dessus l'obstacle. L'employé
dit : « Pourquoi as-tu pris mes dattes [2] sur le chemin ? » Le

1. Extrait des *Mélanges* de M. Chabas (I, 5-16, et II, 246-272). —
V. ci-dessus ch. III, vers la fin.

2. Ou tout autre fruit. M. Chabas ne savait pas ce que représente,
en botanique égyptienne, le nom employé ici.

paysan dit : « Mon chemin est le bon ; il y a un obstacle sur
« le chemin qui a des dattes. Il nous présente un chemin sur
« les vêtements, qui ne permet pas de marcher sur le che-
« min. Alors un de nos ânes a rempli sa bouche de rameaux
« de dattes. »

> Il tondit du palmier la largeur de sa langue.
> Il n'en avait nul droit, puisqu'il faut parler net.
> Mais Asari cria haro sur le baudet.
> Brouter l'arbre d'autrui ! quel crime abominable !

« L'employé dit : « Laisse-moi prendre ton âne, paysan,
« puisqu'il a mangé mes dattes. » — La bête pour le dommage, comme disait l'ancien droit français. — Et ici le char-
gement par-dessus le marché.

« Mais, répondit le paysan, je connais le maître de ce do-
« maine. Il appartient au grand intendant[1] Méruitens, celui
« qui s'occupe de châtier la violence dans le pays tout en-
« tier[2]. Serai-je violenté par lui sur son domaine ? »

« Le surveillant dit : « Quelle est cette réclamation ? Les
« hommes disent : « Le nom d'un misérable résonne-t-il au-
« dessus de celui de son maître ? » Moi, je te dis : « Le grand
« intendant t'accusera. » Alors il se saisit de branches de
tamarisque et d'acacia, et il lui en flagella tous les membres.
Il prit son âne et le fit entrer dans sa métairie. Cet ouvrier
rural pleura très fort de la douleur de sa petitesse (faiblesse).

« Ce surveillant lui dit : « N'élève pas la voix, ouvrier, fais
« attention à la ville du divin seigneur du silence. »

« Cet ouvrier rural dit : « Tu m'as frappé, tu as violenté ma
« propriété, tu t'en es emparé. Compatissant à ma parole sera
« le divin seigneur du silence. Rends-moi ce qui m'appartient,
« et je ne me plaindrai pas de ta dureté. » Cet ouvrier passa
la durée d'un jour à implorer ce surveillant. Celui-ci ne lui
fit pas droit pour cela. — L'ouvrier partit pour Soutensinen,
afin d'implorer le grand intendant. »

Il aborde effectivement Méruitens, qui ordonne une enquête à faire par son premier employé ; mais ce premier
rapport ne fut pas favorable au plaignant. « Les jeunes gens
qui étaient auprès de Méruitens lui dirent : « L'ouvrier rural
« de cet employé est en faute ; il est allé se placer chez un

1. *Mer-pa*, surveillant de la demeure.
2. C'est-à-dire dans le royaume d'Égypte ; c'était une expression
reçue.

« autre, et c'est ainsi que les gens agissent avec leurs ouvriers
« ruraux qui vont à d'autres maîtres pour se placer... En cette
« occasion il avait été rebuté par ce surveillant à cause d'un
« peu de natron et d'un peu de sel. Il lui avait été enjoint
« d'en tenir compte, et il n'en a pas tenu compte. »

Il paraît donc, comme le fait observer M. Chabas, que ce
paysan n'était pas libre, d'après la coutume, de se placer où
il voulait, et que c'était une espèce de serf, quoiqu'il pût pos-
séder en propre. Du reste Méruitens ne se prononça point
en faveur de l'avis énoncé par ces jeunes gens; il écouta les
réclamations que le spolié lui faisait entendre en termes poé-
tiques, du moins selon le narrateur. «Mon maître, lui disait-il,
le plus grand des grands, guide de l'indigent, si tu descends
au bassin de justice, vogues-y avec justice... Tu es le père
du misérable, le mari de la veuve, le père de l'orphelin, le
vêtement de celui qui n'a plus de mère. Que ton nom soit
comme une loi dans le pays! Bon seigneur, guide sans rudesse,
grand sans petitesse, qui anéantis la fausseté et fais vivre la
vérité [1], viens à la parole qu'émet ma bouche. Homme généreux, le plus généreux des généreux, détruis ce qui cause ma
douleur; prends soin de moi, relève-moi, juge-moi; prends
un peu soin de moi. »

Cependant Méruitens craignit d'engager trop loin sa res-
ponsabilité; il en référa au roi. Celui-ci voulut interroger le
plaignant; mais le pauvre malheureux perdit la tête et ne
sut que répondre. «Qu'il nous soit fait un rapport par écrit,
dit alors le prince; nous comprendrons la chose. Que sa
femme et ses enfants soient au roi, car c'est un de ses ouvriers ruraux sans domicile qui est venu [2]. Que l'on veille
encore en silence sur cet ouvrier rural, sur sa personne. Tu
lui feras donner du pain [3]. »

L'ordre du roi fut exécuté; mais les supplications se repro-
duisent plus d'une fois, sans que nous puissions connaître
l'issue de l'affaire, car le manuscrit est incomplet. Quel qu'il
soit, il suffit du moins pour nous fournir de curieux renseignements sur la condition des populations rurales au temps
du moyen empire.

---

1. C'est-à-dire réalise la pratique du bon droit; c'est une locu-
tion égyptienne.
2. Délit de vagabondage.
3. Ceci s'adresse à Méruitens.

III. — Une poursuite pour crime de violation de sépultures. Procès-verbal de l'enquête [1].

Les objets précieux déposés dans les tombes royales creusées aux environs de Thèbes tentèrent plus d'une fois sans
doute l'avidité des voleurs. Déjà dans l'année XIV peut-être et
certainement dans l'an XVI du règne de *Ra-nofer Ka-step en
Ra* (*Bon soleil, esprit approuvé par Râ*), des malfaiteurs avaient
porté la main sur ce genre de dépôts; un attentat semblable
eut lieu encore l'an XIX de ce roi [2], qui fut aussi l'an Ier
de son successeur, associé par lui au trône; c'est à cette
date qu'appartient le manuscrit que nous possédons et dont
je vais donner ici les parties les plus importantes, telles que
les a traduites M. Maspero. On verra combien elles contiennent de détails instructifs sur le style officiel et sur l'administration de ce temps-là.

« L'an XVI, le 18 du 3e mois de l'inondation (*V.* ci-dessus
p. 7), sous la majesté du roi des deux Égyptes [3], seigneur des
deux mondes [4], Ra-nofer Ka-step en Ra, vie, santé, force [5],
fils du soleil [6], seigneur des diadèmes, Ramsès Méri-Amon,
v., s., f., aimé d'Amon-Ra, roi des dieux, l'Harmachis [7] vivificateur à toujours et à jamais, (fut le) jour d'envoyer les
maçons de la nécropole des très augustes par le scribe (secrétaire) du Za (préfet), le scribe de l'intendant du trésor du
pharaon [8], v., s., f., afin d'examiner les tombes et syringes
(souterrains funéraires) des royaux ancêtres, ainsi que les
sépulcres et les demeures où reposent les chanteurs, pleureuses, habitantes de la ville qui sont dans l'ouest de la ville,

1. *V.* Maspero, *Une Enquête judiciaire à Thèbes, au temps de la
XX[c] dynastie.*
2. Si toutefois il ne s'agit pas là de l'arrestation de plusieurs des
malfaiteurs contre lesquels des poursuites avaient été résolues
trois ans auparavant.
3. La haute et la basse.
4. Du nord et du midi.
5. Formule de souhait qui accompagne souvent le nom des rois;
nous allons la voir tout à l'heure employée pour une reine.
6. C'est-à-dire roi divinisé.
7. *Hor-em-akhouti, Horus, dans les deux horizons.*
8. *Par-aa,* demeure grande, comme on dit *la Porte* pour le gouvernement du sultan. Avant Champollion, les traducteurs européens
de la Bible avaient considéré ce titre comme un nom propre.

(de par) le préfet Khamous, le royal officier Nessu-Amon, le scribe du pharaon, v., s., f., le majordome de la demeure de la divine adoratrice, v., s., f., d'Amon-Ra, roi des dieux, etc. »

Après cette enquête, rapport fut fait au préfet, aux magistrats et aux officiers du roi par Pâou-aa, commandant de la gendarmerie, et par le scribe royal du quartier occidental, où se trouvaient les sépultures. La plupart des tombes vérifiées, et dont nous avons le détail, furent trouvées intactes, mais non pas toutes, et par suite : « Prononcent Pâou-aa le chef des commandants des gens de police (*mazai-u*, gendarmes) de la nécropole auguste, ainsi que les chefs des gens de police, les gens de police et les maçons de la nécropole, le scribe du préfet, le scribe du trésorier, qui sont avec eux, leur rapport au sujet des malfaiteurs, auprès du préfet Khamous du royal officier Nessu-Amon, du scribe du pharaon, v., s., f., du majordome de la demeure de la divine adoratrice, v., s., f., d'Amon-Ra, roi des dieux, etc.» Le commandant de la gendarmerie met aux mains des magistrats les noms des voleurs, «pour qu'ils s'emparent d'eux, qu'ils les lient, fassent enquête à leur égard et prononcent la sentence ». Il paraît donc que la gendarmerie n'avait pas le droit de formuler elle-même des mandats d'arrêt.

Le lendemain soir, Nessu-Amon et le maire de Thèbes allèrent trouver le chef des manœuvres de la nécropole et deux des siens, pour leur faire une communication fort importante : deux prisonniers avaient fait à leur sujet des dépositions qui les accusaient d'un crime capital. Le jour suivant, un rapport écrit fut remis par le commandant de gendarmerie (quartier de l'Ouest), Pâou-aa, aux mains du préfet. Le maire avait annoncé aux coupables qu'il avait envoyé un message au roi, afin que les gens du roi fussent envoyés pour les exterminer. Il paraît, par les dernières lignes de ce paragraphe, peu lisibles, dit M. Maspero, qu'ils furent effectivement conduits le même jour au supplice.

Tout ceci (et j'ai fort abrégé) nous montre une assez grande complication, plutôt administrative que judiciaire, dans l'exercice du droit criminel. Nous ne connaissons aucun détail sur le jugement proprement dit; peut-être, rendu par le roi en personne, fut-il dégagé de certaines formes; mais l'auteur français fait remarquer que cette procédure, *écrite et non orale,* confirme ce que nous dit à ce sujet Diodore, dans le passage qui a été cité plus haut (p. 31-32).

IV. — Hymnes en l'honneur de divers dieux babyloniens [1].

Au dieu Adar (fragments). — « Dans le fond de l'abîme une voix haute se fait entendre ; la terreur qu'inspire la splendeur d'Anou au milieu du ciel étend sa route... Adar, le destructeur de la forteresse ennemie, descend tel qu'un déluge... Nuzku, le suprême messager de Mul-lil [2], le reçoit dans le temple ; il adresse au seigneur Adar des paroles de paix : « O mon roi, « tu accomplis parfaitement des faits guerriers ; prête l'oreille « à toi-même... Quand tu élèves tes mains, l'ombre est détour- « née... Tu ne crains pas ton père sur son siège ; tu ne crains « point Mul-lil sur son siège ; tu ne lies point les Esprits de « la terre sur le siège haut placé de l'assemblée des dieux. »

Au dieu Nébo. — « A Nébo, le messager suprême, qui relie toute chose, qui inscrit (nomme) tout ce qui a un nom ; c'est ta sagesse qui assigne la puissance. O toi qui élèves le style suprême, toi, directeur du monde, possesseur du roseau de l'augure, toi qui traverses les contrées, qui ouvres les sources et fais fructifier le blé ; dieu sans lequel la terre ne serait pas arrosée et le canal serait à sec, seigneur qui verses l'huile de l'onction, écoute la prière suppliante, héros puissant. »

Au dieu Nergal. — « O guerrier, puissant déluge, qui balayes la terre ennemie !

O guerrier de la grande cité infernale [3]...

Dieu qui viens de Sulim...

O puissant dominateur, seigneur illustre...

O seigneur de Cutha...

O esprit du divin maître de l'aube...

O guerrier du dieu Supulu...

Puissant déluge qui n'as point de rival, qui lèves ton arme et brises toute résistance... »

Au dieu Rimmon. — « Dieu seigneur du déluge et qui dans sa colère lui a assujetti le ciel, Rimmon, dans sa force, a ébranlé pour lui la terre. La puissante montagne, tu l'as abat-

1. Nous avons vu, dans les chapitres III et IV du quatrième livre, des exemples de la poésie religieuse des Babyloniens ; en voici d'autres d'un caractère plus mythologique. Je les ai pris dans des hymnes traduits en anglais par M. Sayce.

2. *V.* livre IV, ch. III, vers la fin.

3. A cette invocation et aux suivantes le texte ajoute : qui balayes la terre ennemie.

tue. A sa colère, à sa force, à son rugissement, à son tonnerre,
les dieux du ciel escaladent le ciel, et les dieux de la terre
descendent dans la terre. Ils pénètrent dans l'horizon du ciel,
ils prennent leur route vers le zénith du ciel. »

V. — Le palais de Sennachérib[1], aux environs de Ninive.

« Une grande salle ou plutôt une cour ouverte, jointe par
un passage avec la chambre où était représenté le transport de taureaux ailés, avait déjà été complètement explo-
rée. Elle n'était pas tout à fait carrée : les longs côtés, ceux de
l'est à l'ouest, dépassaient 140 pieds[2], et les autres 126. Elle
avait quatre grandes entrées, formées par des taureaux à
tête humaine, de dimensions colossales, un de chaque côté.

« Ces sculptures garnissant le mur occidental étaient[3], pour
la plupart, presque entières. Elles représentaient une campagne et une victoire dans un pays traversé par une grande
rivière, remplie de crabes et de poissons de différentes espèces,
et aussi par des lignes de dattiers. D'un côté de la rivière
était le roi sur son char, environné de ses gardes et suivi de
ses chevaux de main. Du côté opposé, l'armée assyrienne
faisait le siège d'un fort détaché, formant ouvrage avancé
d'une ville, environnée de hautes murailles à créneaux et dé-
fendue par des tours s'élevant l'une au-dessus de l'autre. Cinq
grandes portes carrées ouvraient sur un petit courant ou canal.
Les murs de la ville paraissaient abandonnés par les habitants,
mais le fort était défendu par des archers. Devant lui étaient
rangés des guerriers diversement armés et des cavaliers lan-
çant leurs flèches sans descendre de cheval. Un Assyrien
agenouillé, se protégeant par un large bouclier d'osier, ar-
rachait des pierres de la partie inférieure des fortifications
avec un instrument probablement en fer.

« Les guerriers assyriens apportaient des têtes humaines
pour faire inscrire le nombre des tués. Les dépouilles, con-
sistant en meubles, armes et vases de forme élégante, étaient
enregistrées par des scribes pour être partagées entre les
troupes victorieuses. Les captives avec leurs enfants étaient
portées sur des chariots traînés par des bœufs.

1. Récit de l'exploration faite par M. Layard.
2. Pieds anglais, dont 140 font à peu près 42 mètres.
3. Ce passé signifie sans doute que ces sculptures ont été transportées en Angleterre.

« Puis venaient le siège et la prise d'une ville, située sur la rive opposée de la rivière et entourée d'un fossé bordé de longs roseaux. Les Assyriens, fantassins et cavaliers, avaient déjà passé ce canal et serraient de près les assiégés, qui ne cherchaient plus à se défendre et demandaient quartier. Un guerrier, se couvrant d'un grand bouclier circulaire, cherchait à mettre le feu à l'une des portes au moyen d'une torche. Une partie de la ville était déjà prise, et les conquérants emmenaient captifs et troupeaux. Des chariots traînés par des bœufs étaient chargés de meubles et de grands vases de métal. De l'autre côté de l'eau, Sennachérib, sur un char magnifique et environné de ses gardes, recevait les prisonniers, les têtes des tués et les dépouilles.

« Les captifs, portant des outres, qui probablement contenaient de l'eau et de la farine pour les nourrir pendant une marche longue et pénible, étaient enchaînés deux à deux et poussés en avant par des gardes. Quelques-unes des femmes étaient à pied ; d'autres, avec leurs enfants, sur des mules ou dans des chariots traînés par des bœufs. Des mères étaient représentées tenant des outres pour étancher la soif de leurs jeunes enfants ; en quelques endroits, des pères avaient placé sur leurs épaules leurs enfants fatigués, car ils marchaient sous la chaleur d'un *été* de Mésopotamie, ce que le sculpteur avait indiqué en représentant des régimes de dattes sur les palmiers. C'est ainsi que furent emmenés les habitants de Samarie, à travers le désert, à Halah et Habor, près de la rivière de Gozan, dans les cités des Mèdes[1], et nous pouvons voir sur ces bas-reliefs une représentation des fatigues et des souffrances auxquelles furent exposés les captifs israélites, quand leurs villes tombèrent au pouvoir du roi d'Assyrie, et que les habitants furent envoyés coloniser les provinces éloignées de l'empire[2]. »

M. Layard décrit ensuite les plaques qui subsistent en petit nombre du côté sud de la cour : on y remarque la fabrication d'un radeau de peaux enflées pour le passage d'un fleuve. Plusieurs soldats ont déjà commencé à le traverser sur des peaux, et des chevaux passent à la nage. Dans une longue chambre, où conduisaient une entrée fermée par des sculptures gigantesques et deux autres portes beaucoup plus pe-

---

1. *V.* le IVe livre des *Rois,* XVII, 6. Les inscriptions assyriennes racontent aussi la conquête de Samarie sous le prédécesseur immédiat de Sennachérib.

2. Layard, *Ninive et Babylone,* ch. X (en anglais).

tites, chambre dont les murs ont été calcinés par un incendie, on voyait des scènes de guerre, des galères à double banc de rameurs « et un camp fortifié contenant des pavillons et des tentes, où des hommes se livraient à des occupations diverses »... En face du grand portail, on en voyait un autre plus grand encore, formé par deux lions à tête humaine [1]. « De chaque côté de ce grand portail étaient des portes gardées par des figures colossales, parmi lesquelles était un dieu poisson. »

Une autre pièce de 70 pieds sur 12 offrait des sculptures représentant la conquête d'un pays marécageux, et surtout des captifs et du butin. Dans le retour triomphal des guerriers assyriens, on voyait une scène de cuisine : des hommes faisant rôtir les membres d'un mouton.

Trois autres portes correspondaient, dans le mur occidental de la grande salle, à celles du mur méridional ; celle du centre était formée par deux taureaux ailés. Elles conduisaient à une pièce de 58 pieds sur 34, dont les panneaux n'étaient pas sculptés [2]. Des portes semblables donnaient entrée dans une salle parallèle à celle-là, mais un peu moins large, dont la décoration a presque entièrement disparu. On y reconnaît cependant « un camp fortifié, des prêtres sacrifiant un mouton devant un autel du feu, un château au bord de la mer, des galères à deux rangs de rameurs, garnies de boucliers suspendus, enfin de longues lignes de captifs... Les grandes portes du côté ouest de cette chambre conduisaient dans d'autres pièces sans communication entre elles. » Ces portes étaient encore garnies de taureaux ailés, tous regardant vers la grande cour ; les plus grands avaient 18 pieds de haut, et les plus petits 12 environ.

A l'extrémité sud de ces chambres, on trouvait entrée dans une pièce de 82 pieds sur 24, à murs non sculptés. Une porte garnie de lions ailés conduisait dans une autre pièce de 76 pieds sur 26, s'avançant jusqu'au bord du monticule (où était construit le palais). M. Layard croit que la décoration de cette partie n'était pas tout à fait du même temps que celle du reste. Une inscription nous apprend que la guerre qui y est représentée a été faite contre la Susiane, appelée, en Assyrie, le pays d'Élam.

1. Évidemment des figures mythologiques, comme les taureaux ailés.

2. Sans doute le roi était mort avant que la décoration du palais fût achevée.

VI. — Les ruines du palais de Darius à Suze[1].

M. Loftus avait commencé ses excavations de concert avec
le colonel Williams. Leur attention était appelée par de nombreux blocs et morceaux de pierre calcaire, découverts à la
surface de monticules, surtout sur les plates-formes du nord
et du centre, et spécialement par des morceaux de colonnes
cannelées, déjà signalés par d'autres voyageurs. « Sur le monticule du nord était un bloc de calcaire bleu, de dix pieds en
carré et de trois pieds d'épaisseur, pénétrant dans le sol et
reposant sur un fond de gravier. C'était assurément la base
d'une colonne cannelée, alors brisée, qui gisait tout près de
là... Au nord-ouest, le colonel Williams remarqua un petit
morceau de calcaire pénétrant dans le sol, et, en creusant autour, il découvrit, encore en place, la base monolithe[2] gigantesque d'une colonne. D'autres excavations firent découvrir des bases semblables, séparées par des distances égales,
27 pieds et demi d'un centre à l'autre, à 4 pieds au-dessous
de la surface du sol... Elles reposaient sur des plaques de
calcaire grossier et avaient 9 pieds en carré ; la hauteur
était 1 pied 10 pouces. Elles étaient malheureusement brisées
à 3 pieds 4 pouces de hauteur; mais on découvrit ensuite
près de là un fragment de la partie supérieure, avec le tore[3]
encore attaché, ce qui a permis à M. Churchill d'en dessiner
une restauration très soignée. On ne pouvait plus douter que
le colonel Williams n'eût découvert un palais des anciens rois
de Perse, à Suse, rivalisant au moins en grandeur avec celui
de Persépolis. Ces bases étaient en forme de cloche et richement fouillées, représentant renversée la fleur du lotus égyptien. La hauteur totale était de 4 pieds 3 pouces, et le diamètre, à la partie la plus large, de 8 pieds 4 pouces. « La
forme générale, les dimensions et le style propre de l'ornementation rappelaient d'une manière frappante les bases de
colonnes qu'on a trouvées dans la grande salle de Persépolis,
attribuée à Xerxès; mais celles de Suse étaient infiniment plus
gracieuses, déployant autour du renflement de la cloche une

1. Extrait de la description faite par M. Loftus.
2. C'est-à-dire formée d'une seule pierre.
3. Moulure en demi-cercle, accolée à la colonne par sa partie la
plus large.

guirlande élégante et soignée, formée alternativement par
des boutons et des fleurs épanouies de lotus. Au pied du monticule du côté de l'ouest, on a trouvé un poitrail de taureau,
des fragments énormes de colonnes cannelées et une portion
d'une quatrième base semblable aux trois autres. »

L'auteur dit, quelques pages plus loin, qu'une tranchée,
creusée près du côté nord de la plate-forme, fit rencontrer une
large plaque de calcaire bleu, où un tracé circulaire faisait
reconnaître une base de colonne d'un diamètre exactement
semblable à celui des précédentes. Une plaque semblable
fut aussi découverte des deux côtés de celle-ci, à 27 pieds
3 pouces de là, et d'autres encore en avançant vers le centre
du monticule, toujours à la même distance. M. Loftus attei-
gnit enfin, à 68 pieds 4 pouces du centre de la première, un
monolithe de 8 pieds en carré et de 2 pieds 5 pouces de haut.
Sur la même ligne, avec un entre-colonnement[1] de 27 pieds
3 pouces, on trouva quatre piédestaux carrés de forme semblable, mais moins bien conservés. A des distances toujours
les mêmes, on en trouva quatre autres à l'est et un à l'ouest.

« J'étais maintenant convaincu, dit l'auteur, que cette construction avait été faite sur le même plan que ce qu'on appelle
la grande salle de Xerxès, à Persépolis[2]. Des recherches ul-
térieures n'ont pas seulement confirmé cette impression, mais
prouvé que les deux colonnades, bien que différant par certains détails, étaient construites et sur le même plan et presque dans les mêmes mesures. »

Ce plan consistait en un groupe de six rangs de six colonnes chacun, formant un carré ; les bases étaient carrées. Trois
autres groupes composés de douze colonnes chacun, six de
front et deux de profondeur, étaient placés parallèlement
aux files du premier, mais à une distance plus grande ; les
bases de celles-ci étaient rondes. Nous pouvons donc constater, par des parties subsistantes, la disposition architecturale des parties les plus importantes de l'édifice. Ces palais
persans, du temps des guerres médiques, et d'autres restes
encore, nous ont permis de reconnaître quelle en était la
décoration par les monuments de sculpture.

1. Distance d'une colonne à l'autre.
2. Voyez le plan de cette dernière ruine à la page 169.

FIN

TABLE

LIVRE V

Perses, Mèdes et Bactriens.

APPENDICE

SOCIÉTÉ ANONYME D'IMPRIMERIE DE VILLEFRANCHE-DE-ROUERGUE
Jules Bardoux, Directeur.